RECETAS DE
CERVEZA
Y SIDRA

Thiago Olecis

INTRODUCCIÓN

Así que has decidido hacer tu propia cerveza en casa. ¡Felicidades! Está a punto de embarcarse en una tarea maravillosa y gratificante casi tan antigua como la humanidad misma. Pero no hay razón para sentirse intimidado. Aunque la gente ha estado elaborando cerveza durante milenios, el proceso básico se ha mantenido prácticamente igual a lo largo de los siglos. Este libro electrónico discutirá algunas de las recetas más simples para probar en casa.

Para sus primeras cervezas, es aconsejable comenzar con un kit: las latas o cajas de jarabe espeso y pegajoso que mezcla con agua y fermenta en un balde. Siéntase libre de comenzar directamente y comprar las cosas adicionales que necesita para hacer un lote desde cero, pero hay algunas razones para mantener las cosas lo más simples posible para los primeros lotes.

Se trabaja mucho en el diseño de cervezas en kit, y tienden a crear cervezas que son clásicas para el estilo. La mayoría de los kits tienen el potencial de brindarle muy buena cerveza; debido a esto, combinado con su bajo costo, muchas personas están felices de nunca progresar a la elaboración de cerveza de grano entero.

Hay muchos menos procesos involucrados en la fabricación de una cerveza en kit y, por lo tanto, hay menos partes que pueden salir mal. Esto conduce a una mayor probabilidad de tener una buena cerveza potable en un par de semanas. Las cervezas en kit le darán la oportunidad de practicar algunas de las habilidades clave involucradas en la elaboración de una cerveza de grano entero. Fundamentalmente, tendrá que acostumbrarse al flujo de trabajo sanitario: todo lo que toque la cerveza debe limpiarse y luego desinfectarse de antemano.

El único problema con los kits suele ser sus instrucciones defectuosas. Tírelos y sígalos en su lugar. Pueden parecer demasiado completos: esto es intencional. Quiero presentarles buenas prácticas de elaboración de cerveza que te ayudarán en el futuro. Empiece como quiere continuar. Tome su tiempo. Estarás bien. En su kit, tendrá una lata de extracto de lúpulo y levadura. Te conquistarán con frases como 'solo agrega azúcar y agua'. Si quieres una cerveza normal, sigue sus instrucciones. Pero el próximo capítulo lo guiará hacia una cerveza realmente excelente de estos mismos kits económicos.

Esto es todo lo que necesitas saber para hacer el kit de cerveza perfecto:

- Extracto de malta con lúpulo
- Levadura seca
- Azúcar y extracto de malta seca
- Agua
- Lúpulo

¡Empecemos!

ALES BRITÁNICOS E IRLANDÉS

📂📑 **Amargo extra, extra especial**

NÚMEROS DE OBJETIVO:
- Gravedad original 1.058-1.064
- Gravedad final 1.012-1.016
- Amargura 35 IBU
- Color25 EBC
- TAMAÑO DEL LOTE: 20 l / qt

BILLETE DE GRANOS
- Nutria Maris 90% 4.5 kg / 10 lb
- Malta cristalina británica 10% 500g / $1\frac{1}{8}$lb

LÚPULO

- ChallengerPrimer mosto de lúpulo - 20 g / $\frac{3}{4}$oz
- East Kent Goldings Hervir 10 minutos - 50 g / 1$\frac{3}{4}$oz
- Challenger Hervir 5 minutos - 30 g / 1 oz
- East Kent Goldings Hervir 1 min - 50 g / 1$\frac{3}{4}$oz

LEVADURA

- Las opciones de levadura de cerveza inglesa incluyen White labs WLP002, Wyeast 1968 o Safale S-04

INGREDIENTES ADICIONALES

- 1 tableta de Protofloc (Irish Moss)

♋① Prepara tu levadura. Limpia y prepara tu equipo de elaboración de cerveza.

♌① Lleve 24 litros / cuarto de agua a 70 ° C (158 ° F). Trate esta agua de acuerdo con su informe de agua.

♍① Triturar. Mantenga una temperatura de maceración de 66 ° C (151 ° F) durante 60 minutos.

♎① Triturar: eleve la temperatura del grano a 75 ° C (167 ° F).

♏① Rocíe con 4 litros / cuarto de agua a 75 ° C (167 ° F) para alcanzar su volumen previo a la ebullición de no más de 23 litros / cuarto.

♐①　　　Agrega tus primeros lúpulos de mosto. Hierve el mosto durante 60 minutos. Agrega los lúpulos 10, 5 y 1 minutos antes de que termine el hervor.

♑①　　　Enfríe su mosto a 18 ° C (64 ° F).

♒①　　　Vuelva a licuar con agua sanitaria para alcanzar su OG deseado.

♓①　　　Transfiera su mosto a un fermentador limpio y sanitario. Airea tu mosto y echa la levadura preparada.

♈①　　　Fermente en el fermentador primario a 18–20 ° C (64–68 ° F) durante 2 semanas.

♉①　　　Envase con 80 g / 3 oz de azúcar de mesa blanca para alcanzar 1,8–2 volúmenes de CO_2.

Pale ale inglesa

NÚMEROS DE OBJETIVO:
- Gravedad original: 1.042-1.044
- Gravedad final: 1.007-1.011
- ABV: 4-4,4%
- Amargura: 32 IBU
- Color: 7 EBC
- TAMAÑO DEL LOTE: 20 l / qt
- EFICIENCIA ESTIMADA: 70%

BILLETE DE GRANOS

- Malta pálida inglesa de primera calidad, como Maris Otter o Golden Promise 100% 4 kg / 9 lb

LÚPULO

- Challenger (7.5% AA)
- Primer lúpulo de mosto - 20 g / $\frac{3}{4}$oz
- Challenger (7.5% AA)
- Hervir 15 minutos - 40g / $1\frac{1}{2}$ oz
- Challenger (7.5% AA)
- Agregar al apagar - 40g / $1\frac{1}{2}$ oz

LEVADURA

- Levadura Yorkshire Ale, como Wyeast 1469 o WLP037. Alternativas: English Ale Yeast, como White labs WLP002, Wyeast 1968 o Safale S-04

INGREDIENTES ADICIONALES

- 1 tableta de Protofloc (Irish Moss)

♋☽ Prepara tu levadura. Limpia y prepara tu equipo de elaboración de cerveza

♌☽ Lleve 20 litros / cuarto de agua a 69 ° C (156 ° F).

♍☽ Triturar. Mantenga una temperatura de maceración de 65 ° C (149 ° F) durante 60 minutos.

♎☽ Triturar: eleve la temperatura del grano a 75 ° C (167 ° F).

♏︎①   Rocíe con 4 litros / cuarto de agua a 75 ° C (167 ° F) para alcanzar su volumen previo a la ebullición de no más de 22 litros / cuarto.

♐︎①   Agrega tus primeros lúpulos de mosto. Hierve el mosto durante 60 minutos. Agregue sus adiciones de lúpulo 15 minutos antes del final del hervor y cuando se apague.

♑︎①   Enfríe su mosto a 18 ° C (64 ° F). Mide tu gravedad original. Vuelva a licuar con agua sanitaria para alcanzar su OG deseado.

♒︎①   Transfiera su mosto a un fermentador limpio y sanitario. Airea tu mosto y echa la levadura preparada.

♓︎①   Fermente en el fermentador primario a 18-20 ° C (64-68 ° F) durante 2 semanas.

♈︎①   Envase con 90g / $3\frac{1}{4}$oz de azúcar de mesa blanca para alcanzar 1,9-2,1 volúmenes de CO_2.

📠 IPA inglés oldy worldy

NÚMEROS DE OBJETIVO:
- Gravedad original 1.062-1.066
- Gravedad final 1.010-1.014
- ABV 6,4–6,8%
- Amargura 50-55 IBU
- Color 20 EBC
- TAMAÑO DEL LOTE 20 l / qt
- Eficiencia estimada 65%

BILLETE DE GRANOS
- Malta pálida, nutria Maris 87,3% - 5,5 kg / 12 lb
- Malta Crystal (80L) 6.3% - 400g / 14oz
- Malta de trigo 6.3% - 400g / 14oz

LÚPULO

- Objetivo (11% AA) Primer lúpulo de mosto - 30 g / 1 oz

- Challenger (7.5% AA) Hervir 10 minutos - 30 g / 1 oz

- Challenger (7.5% AA) Hervir 5 minutos - 30 g / 1 oz

- Challenger (7.5% AA) Aroma intenso - 30 minutos 40g / $1\frac{1}{2}$ oz
- East Kent Goldings (5% AA) Aroma intenso
- 30 minutos - 50 g / $1\frac{3}{4}$oz
- Objetivo (11% AA) Aroma intenso 30 minutos - 20 g / $\frac{3}{4}$oz
- East Kent Goldings (5% AA) Lúpulo seco durante 3 días - 50 g / $1\frac{3}{4}$oz

LEVADURA

- Una levadura de cerveza inglesa seca, como White labs WLP007, Wyeast 1098, Mangrove Jacks m07 o Nottingham, si está realmente atascado.

INGREDIENTES ADICIONALES

- 1 tableta de Protofloc (Irish Moss)

α) Prepara tu levadura. Limpia y prepara tu equipo de elaboración de cerveza

β) Lleve 27 litros / cuarto de agua a 69,5 ° C (157 ° F).

χ) Triturar. Mantenga una temperatura de maceración de 65 ° C (149 ° F) durante 60 minutos.

δ) Triturar: eleve la temperatura del grano a 75 ° C (167 ° F).

ε) Rocíe con 6 litros / cuarto de agua a 75 ° C (167 ° F) para alcanzar su volumen previo a la ebullición de no más de 25 litros / cuarto.

φ) Agrega tus primeros lúpulos de mosto. Hierve el mosto durante 60 minutos. Agregue sus adiciones de lúpulo a los 10 y 5 minutos antes del final del hervor.

γ) Enfríe su cerveza a 75-79 ° C (167-174 ° F) y agregue sus lúpulos aromáticos. Déjelos reposar durante 30 minutos.

η) Enfríe su mosto a 18 ° C (64 ° F). Mide tu gravedad original. Vuelva a licuar con agua sanitaria para alcanzar su OG deseado.

ι) Transfiera su mosto a un fermentador limpio y sanitario. Airea tu mosto y echa la levadura preparada.

φ) Fermente en el fermentador primario a 18-20 ° C (64-68 ° F) durante 2 semanas, o hasta que tenga tres lecturas de gravedad idénticas durante 3 días.

κ) Transfiera a un fermentador secundario y lúpulo seco durante 3 días.

λ) Envase con 100 g / $3\frac{1}{2}$ oz de azúcar de mesa blanca para alcanzar 2,1-2,3 volúmenes de CO_2.

Cerveza negra

NÚMEROS DE OBJETIVO:
- Gravedad original 1.046-1.050
- Gravedad final 1.012-1.016
- ABV 4,6–4,8%
- Amargura 30 IBU
- Color 43 EBC
- TAMAÑO DEL LOTE 20 l / qt (10 l / qt)
- EFICIENCIA ESTIMADA 70%

BILLETE DE GRANOS
- Malta pálida, nutria Maris 82,2% - 3,7 kg / 8 lb
- Malta de cristal oscuro (120L) 4.4% - 200g / 7oz
- Malta cristal pálida (20L) 4.4% - 200g / 7oz
- Malta ámbar 4.4% - 200g / 7oz
- Malta de chocolate4.4% - 200g / 7oz

LÚPULO

- Objetivo (11% AA) Primer lúpulo de mosto - 15 g / ½ oz
- Fuggles (4.5% AA) Hervir 15 minutos - 20 g / ¾oz
- Fuggles (4.5% AA) Hervir 5 minutos - 20 g / ¾oz

LEVADURA

- Una levadura de cerveza inglesa seca, como White labs WLP007, Wyeast 1098, Mangrove Jacks m07 o Nottingham, si está realmente atascado.

INGREDIENTES ADICIONALES

- 1 tableta de Protofloc (Irish Moss)

Prepara tu levadura. Limpia y prepara tu equipo de elaboración de cerveza.

Lleve 22 litros / cuarto de agua a 71 ° C (160 ° F).

Triturar. Mantenga una temperatura de maceración de 66,5 ° C (152 ° F) durante 60 minutos.

Triturar: eleve la temperatura del grano a 75 ° C (167 ° F).

Rocíe con 4 litros / cuarto de agua a 75 ° C (167 ° F) para alcanzar su volumen previo a la ebullición de no más de 22 litros / cuarto.

Agrega tus primeros lúpulos de mosto. Hierve el mosto durante 60 minutos. Agregue sus adiciones de lúpulo a los 15 y 5 minutos antes del final del hervor

Enfríe su mosto a 18 ° C (64 ° F). Mida su gravedad y licor originales con agua sanitaria para alcanzar su OG previsto.

Transfiera su mosto a un fermentador limpio y sanitario. Airea tu mosto y echa la levadura preparada.

Fermente en el fermentador primario a 18-20 ° C (64-68 ° F) durante 2 semanas, o hasta que tenga tres lecturas de gravedad idénticas durante 3 días.

Botella con 100 g / 3½ oz de azúcar de mesa blanca para alcanzar 2.1-2.3 volúmenes de CO_2

🍺 Portero de arroz seco

NÚMEROS DE OBJETIVO:
- Gravedad original 1.062-1.066
- Gravedad final 1.010-1.014
- ABV 6,4-6,8%
- Amargura 50-55 IBU
- Color 20 EBC
- TAMAÑO DEL LOTE 20 l / qt
- Eficiencia estimada 65%

BILLETE DE GRANOS
- Malta pálida, nutria Maris 77,8% - 3,5 kg / $7\frac{3}{4}$lb
- Malta Crystal (80L) 8,9% - 400g / 14oz
- Chocolate Malt6.7% - 300g / $10\frac{1}{2}$oz

- Malta marrón 4.4% - 200g / 7oz
- Melaza negra (agregada durante el hervor) 2.2% - 100g / $3\frac{1}{2}$oz

LÚPULO

- East Kent Goldings (5% AA) Primer lúpulo de mosto - 30 g / 1 oz
- East Kent Goldings (5% AA) Hervir 15 minutos - 30 g / 1 oz
- East Kent Goldings (5% AA) Hervir 1 min - 20 g / $\frac{3}{4}$oz

LEVADURA

- Levadura Irish Ale, como WLP004 o Wyeast 1084
Alternativas: Levadura Dry English Ale como Mangrove Jacks m07, WLP007 o Wyeast 1098

INGREDIENTES ADICIONALES

- 1 tableta de Protofloc (Irish Moss)

Prepara tu levadura. Limpia y prepara tu equipo de elaboración de cerveza.

Lleve 24 litros / cuarto de agua a 71 ° C (160 ° F).

Triturar. Mantenga una temperatura de maceración de 66,5 ° C (152 ° F) durante 60 minutos.

Triturar: eleve la temperatura del grano a 75 ° C (167 ° F).

Rocíe con 4 litros / cuarto de agua a 75 ° C (167 ° F) para alcanzar su volumen previo a la ebullición de no más de 23 litros / cuarto.

Agrega tus primeros lúpulos de mosto. Hierva su mosto durante 60 minutos, agregando su melaza al principio. Agregue sus adiciones de lúpulo a los 15 minutos y 1 minuto antes del final de su ebullición.

Enfríe su mosto a 18 ° C (64 ° F). Mide tu gravedad original. Vuelva a licuar con agua sanitaria para alcanzar su OG deseado.

Transfiera su mosto a un fermentador limpio y sanitario. Airea tu mosto y echa la levadura preparada.

Fermente en el fermentador primario a 18-20 ° C (64-68 ° F) durante 2 semanas, o hasta que tenga tres lecturas de gravedad idénticas durante 3 días.

Botella con 90 g / $3\frac{1}{4}$ oz de azúcar de mesa blanca para alcanzar de 2,0 a 2,2 volúmenes de CO_2

⏳🍺 Stout de avena

NÚMEROS DE OBJETIVO:

- Gravedad original 1.060–1.064
- Gravedad final 1.014-1.018
- ABV6–6,4%
- Amargura 33 IBU
- Color66 EBC
- TAMAÑO DEL LOTE 20 l / qt
- EFICIENCIA ESTIMADA 70%

BILLETE DE GRANOS

- Malta pálida, nutria Maris 78,6% - 4,4 kg / $9\frac{3}{4}$ lb
- Malta Crystal (80L) 3.6% - 200g / 7oz
- Chocolate Malt3.6% - 200g / 7oz
- Malta de chocolate pálido 3.6% - 200g / 7oz
- Malta de trigo y chocolate 3.6% - 200g / 7oz

- Avena, enrollada7.2% ?? 400 g / 14 oz

LÚPULO

- East Kent Goldings (5% AA) Primer lúpulo de mosto - 60 g / $2\frac{1}{8}$oz
- East Kent Goldings (5% AA) Hervir 10 minutos - 20 g / $\frac{3}{4}$oz

LEVADURA

- Levadura seca de cerveza inglesa como Mangrove Jacks m07, WLP007 o Wyeast 1098

INGREDIENTES ADICIONALES

- 1 tableta de Protofloc (Irish Moss)

Prepara tu levadura. Limpia y prepara tu equipo de elaboración de cerveza.

Lleve 24 litros / cuarto de agua a 70,5 ° C (159 ° F).

Triturar. Mantenga una temperatura de maceración de 65,5 ° C (152 ° F) durante 60 minutos.

Triturar: eleve la temperatura del grano a 75 ° C (167 ° F).

Rocíe con alrededor de 4 litros / cuarto de agua a 75 ° C (167 ° F) para alcanzar su volumen previo a la ebullición de no más de 23 litros / cuarto.

Agrega tus primeros lúpulos de mosto. Hierve el mosto durante 60 minutos. Agregue su adición de lúpulo 10 minutos antes del final de su ebullición.

Enfríe su mosto a 18 ° C (64 ° F). Mida su gravedad y licor originales con agua sanitaria para alcanzar su OG previsto.

Transfiera su mosto a un fermentador limpio y sanitario. Airea tu mosto y echa la levadura preparada.

Fermente en el fermentador primario a 18–20 ° C (64–68 ° F) durante 2 semanas, o hasta que tenga tres lecturas de gravedad idénticas durante 3 días.

Envase con 100 g / $3\frac{1}{2}$ oz de azúcar de mesa blanca para alcanzar entre 2,2 y 2,4 volúmenes de CO2.

🍻🦶 **Cerveza de exportación irlandesa**

NÚMEROS DE OBJETIVO:
- Gravedad original 1.066-1.070
- Gravedad final 1.014-1.018
- ABV 6,6-6,9%
- Amargura 43 IBU
- Color73 EBC
- TAMAÑO DEL LOTE 20 l / qt
- EFICIENCIA ESTIMADA 70%

BILLETE DE GRANOS
- Malta pálida, nutria Maris 80,6% - 5 kg / 11 lb
- Malta Especial B 3.2% - 200g / 7oz
- Malta de chocolate4.8% - 300g / 10½oz

- Malta de trigo y chocolate 4.8% - 200g / 7oz
- Trigo sin maltear 6.5% - 400g / 14oz

LÚPULO
- Challenger (7.5% AA) Primer lúpulo de mosto - 40 g / $1\frac{1}{2}$ oz
- Challenger (7.5% AA) Hervir 15 minutos - 20 g / $\frac{3}{4}$oz

LEVADURA

- Levadura de cerveza irlandesa; WLP004 o Wyeast 1084

INGREDIENTES ADICIONALES

- 1 tableta de Protofloc (Irish Moss)

Prepara tu levadura. Limpia y prepara tu equipo de elaboración de cerveza.

Lleve 26 litros / cuarto de agua a 70 ° C (158 ° F).

Triturar. Mantenga una temperatura de maceración de 65 ° C (149 ° F) durante 60 minutos.

Triturar: eleve la temperatura del grano a 75 ° C (167 ° F).

Rocíe con alrededor de 6 litros / cuarto de agua a 75 ° C (167 ° F) para alcanzar su volumen previo a la ebullición de no más de 23 litros / cuarto.

Agrega tus primeros lúpulos de mosto. Hierve el mosto durante 60 minutos. Agregue su adición de lúpulo 15 minutos antes del final de su ebullición.

Enfríe su mosto a 18 ° C (64 ° F). Mida su gravedad original y luego vuelva a licuar con agua sanitaria para alcanzar su OG deseado.

Transfiera su mosto a un fermentador limpio y sanitario. Airea tu mosto y echa la levadura preparada.

Fermente en el fermentador primario a 18–20 ° C (64-68 ° F) durante 2 semanas, o hasta que tenga tres lecturas de gravedad idénticas durante 3 días.

Envase con 100 g / $3\frac{1}{2}$ oz de azúcar de mesa blanca para alcanzar entre 2,2 y 2,4 volúmenes de CO_2.

Cerveza imperial rusa

NÚMEROS DE OBJETIVO:

- Gravedad original 1.085-1.089
- Gravedad final 1.016-1.020
- ABV 9,2-9,5%
- Amargura 85 IBU
- Color 85 EBC
- TAMAÑO DEL LOTE 20 l / qt
- EFICIENCIA ESTIMADA 65%

BILLETE DE GRANOS

- Malta pálida, nutria Maris 80% - 7 kg / 15½ lb
- Chocolate Malt8% - 700g / 1½lb
- Malta Crystal 4% - 350g / 12¼oz
- Malta marrón 4% - 350g / 12¼oz
- Malta ámbar 4% - 350g / 12¼oz

LÚPULO

- Columbus (CTZ) (14% AA) Primer lúpulo de mosto - 50 g / $1\frac{3}{4}$ oz
- Columbus (CTZ) (14% AA) Hervir 10 minutos –30 g / 1 oz

LEVADURA

- Levadura de cerveza americana de la costa oeste, como la US-05, WLP001 o Wyeast 1056

INGREDIENTES ADICIONALES

- 1 tableta de Protofloc (Irish Moss)

Prepare su levadura: asegúrese de tener suficiente levadura. Limpia y prepara tu equipo de elaboración de cerveza.

Lleve 26 litros / cuarto de agua a 72,5 ° C (162 ° F).

Triturar. Mantenga una temperatura de maceración de 66 ° C (151 ° F) durante 60 minutos.

Triturar: eleve la temperatura del grano a 75 ° C (167 ° F).

Rocíe con alrededor de 8 litros / cuarto de agua a 75 ° C (167 ° F) para alcanzar su volumen previo a la ebullición de no más de 24 litros / cuarto.

Agrega tus primeros lúpulos de mosto. Lleve su mosto a ebullición y luego hierva durante 60 minutos.

Agregue su adición de lúpulo 10 minutos antes del final de su ebullición.

Enfríe su mosto a 18 ° C (64 ° F). Mida su gravedad y licor originales con agua sanitaria para alcanzar su OG previsto.

Transfiera su mosto a un fermentador limpio y sanitario. Airea tu mosto y echa la levadura preparada.

Fermente en el fermentador primario a 18–20 ° C (64–68 ° F) durante 2 semanas, o hasta que tenga tres lecturas de gravedad idénticas durante 3 días.

Envase con 120g / $4\frac{1}{4}$oz de azúcar de mesa blanca para alcanzar 2,4-2,6 volúmenes de CO_2.

Envejezca en el frasco durante al menos 2 semanas a temperatura ambiente.

NÚMEROS DE OBJETIVO:
- Gravedad original 1.044-1.046
- Gravedad final 1,008-1,012
- ABV4.4-4.8%
- Amargura 25 IBU
- Color36 EBC
- TAMAÑO DEL LOTE 20 l / qt
- EFICIENCIA ESTIMADA 70%

BILLETE DE GRANOS
- Nutria Maris 84,2% - 3,2 kg / 7 libras
- Malta Especial B 5.3% - 200g / 7oz
- Malta cristal pálida 5% - 200g / 7oz
- Malta ámbar2.6% - 100g / $3\frac{1}{2}$oz
- Malta de chocolate2.6% - 100g / $3\frac{1}{2}$oz

LÚPULO

- East Kent Goldings (5% AA) Primer lúpulo de mosto - 25 g / 7/8 oz
- East Kent Goldings (5% AA) Hervir 15 minutos - 25 g / 7/8 oz

LEVADURA

- Levadura de cerveza de Edimburgo o escocesa; WLP028 o Wyeast 1728. Con un empujón, puede usar una levadura Ale inglesa como WLP002 o Safale S-04

INGREDIENTES ADICIONALES

- 1 tableta de Protofloc (Irish Moss)

Prepara tu levadura. Limpia y prepara tu equipo de elaboración de cerveza.

Lleve 18 litros / cuarto de agua a 71 °C (160 °F).

Triturar. Mantenga una temperatura de maceración de 66,5 °C (152 °F) durante 60 minutos.

Triturar: eleve la temperatura del grano a 75 °C (167 °F).

Rocíe con 4 litros / cuarto de agua a 75 °C (167 °F) para alcanzar su volumen previo a la ebullición de no más de 22 litros / cuarto.

Agrega tus primeros lúpulos de mosto. Hierve el mosto durante 60 minutos. Agregue sus adiciones de lúpulo 15 minutos antes del final del hervor.

Enfríe su mosto a 18 ° C (64 ° F). Mida su gravedad y licor originales con agua sanitaria para alcanzar su OG previsto.

Transfiera su mosto a un fermentador limpio y sanitario. Airea tu mosto y echa la levadura preparada.

Fermente en el fermentador primario a 18–20 ° C (64-68 ° F) durante 2 semanas.

Envase con 80 g / 3 oz de azúcar morena para alcanzar 1,9-2,1 volúmenes de CO_2.

NÚMEROS DE OBJETIVO:
- Gravedad original 1.082-1.084
- Gravedad final 1.019-1.023
- ABV8-8,4%
- Amargura 26 IBU
- Color36 EBC
- TAMAÑO DEL LOTE 20 l / qt
- EFICIENCIA ESTIMADA 65%

BILLETE DE GRANOS

- Malta pálida, nutria Maris 91,5% - 7,5 kg / $16\frac{1}{2}$ lb
- Malta de cristal oscuro (120L) 7.3% - 600g / $1\frac{3}{8}$lb
- Cebada tostada 1.2% - 100g / $3\frac{1}{2}$oz

LÚPULO

- East Kent Goldings (5% AA)
- Primer lúpulo de mosto - 50 g / 1¾oz

LEVADURA

- Levadura de cerveza de Edimburgo o escocesa; WLP028 o Wyeast 1728. En un empujón: Levadura Dry English o American Ale, como Safale US-05.

INGREDIENTES ADICIONALES

- 25g / 17/8 oz de semillas de cilantro (cilantro), trituradas 1 tableta de Protofloc (Irish Moss)

Prepara tu levadura. Limpia y prepara tu equipo de elaboración de cerveza.

Lleve 26 litros / cuarto de agua a 72,5 ° C (162 ° F).

Triturar. Mantenga una temperatura de maceración de 66,5 ° C (152 ° F) durante 60 minutos.

Triturar: eleve la temperatura del grano a 75 ° C (167 ° F).

Rocíe con alrededor de 6 litros / cuarto de agua a 75 ° C (167 ° F) para alcanzar su volumen previo a la ebullición de no más de 24 litros.

Agrega tus primeros lúpulos de mosto. Lleve su mosto a ebullición y luego hierva durante 60 minutos. Agregue su adición de cilantro triturado 5 minutos antes del final de su ebullición.

Enfríe su mosto a 18 ° C (64 ° F). Mida su gravedad y licor originales con agua sanitaria para alcanzar su OG previsto.

Transfiera su mosto a un fermentador limpio y sanitario. Airea tu mosto y echa la levadura preparada.

Fermente en el fermentador primario durante 18–20 ° C (64–68 ° F) durante los primeros 3 días. Después de esto, puede dejar que suba de temperatura hasta 24 ° C (75 ° F) durante el resto de sus 2 semanas, o hasta que tenga tres lecturas de gravedad idénticas. Una vez que haya decidido a qué dejar que se eleve, no lo deje caer. De lo contrario, su levadura podría flocular y tendrá una cerveza poco atenuada.

Envase con 100 g / $3\frac{1}{2}$ oz de azúcar de mesa blanca para alcanzar 2,1–2,3 volúmenes de CO_2. Envejezca en el frasco durante al menos 2 semanas a temperatura ambiente. Esta cerveza seguirá desarrollándose con la edad.

📁📁🍺 **Amargo Quaffable**

NÚMEROS DE OBJETIVO:
- Gravedad original: 1.036–1.040
- Gravedad final 1,008–1,012
- ABV3.6–3.8%
- Amargura 28 IBU
- Color 15 EBC
- TAMAÑO DEL LOTE 20 l / qt
- EFICIENCIA ESTIMADA 70%

BILLETE DE GRANOS
- Nutria Maris 85.7% - 3 kg / 6½ lb
- Malta Crystal Británica (80L) 8.6% - 300g / 10½oz
- Malta de trigo 5.7% 200g / 7oz

LÚPULO

- East Kent Goldings, primer lúpulo de mosto
-    - 20 g / $\frac{3}{4}$oz
- East Kent Goldings Hervir 15 minutos
-    - 40 g / $1\frac{1}{2}$ oz
- East Kent Goldings Hervir 1 minuto
-    - 40 g / $1\frac{1}{2}$ oz

LEVADURA

- Levadura de cerveza inglesa como White labs WLP002, Wyeast 1968 o Safale S-04

INGREDIENTES ADICIONALES

- 1 tableta de Protofloc (Irish Moss)

Prepara tu levadura. Limpia y prepara tu equipo de elaboración de cerveza.

Lleve 18 litros / cuarto de agua a 70 ° C (158 ° F).

Triturar. Mantenga una temperatura de maceración de 66,5 ° C (152 ° F) durante 60 minutos.

Triturar: eleve la temperatura del grano a 75 ° C (167 ° F).

Rocíe con 5 litros / cuarto de agua a 75 ° C (167 ° F) para alcanzar su volumen previo a la ebullición de no más de 22 litros / cuarto.

Agrega tus primeros lúpulos de mosto. Hierve el mosto durante 60 minutos. Agregue sus adiciones de lúpulo a los 15 y 1 minuto antes del final del hervor.

Enfríe su mosto a 18 ° C (64 ° F). Mida su gravedad y licor originales con agua sanitaria para alcanzar su OG previsto.

Transfiera su mosto a un fermentador limpio y sanitario. Airea tu mosto y echa la levadura preparada.

Fermente en el fermentador primario a 18-20 ° C (64-68 ° F) durante 2 semanas.

Envase con 70 g / 2½ oz de azúcar de mesa blanca para alcanzar 1.8-2 volúmenes de CO_2.

Las cervezas americanas son implacables en su asalto a tu paladar. Son bombas de lúpulo o malta, poco sutiles; temerario. No mienten sobre cómo se supone que deben saber y saben a mucho.

Esta intensidad desanima a mucha gente. Si este es usted, hágase crecer la columna vertebral. Te garantizo que si sigues intentándolo y finalmente encuentras uno que te guste, pronto serás un adicto al salto como el resto de nosotros.

Si está acostumbrado a la elaboración casera o si ha visto otras recetas en línea para estilos similares de cerveza, es posible que se sorprenda de las asombrosas cantidades de lúpulo que le sugiero que use. Por favor, confía en mí. La mayoría de las IPA comerciales y las pale ales están terriblemente sub-lupuladas, y todo lo que los cerveceros caseros tienden a hacer es reducir estas recetas defectuosas.

No tenemos que preocuparnos por cosas tontas como 'gastos generales' o 'ganancias'; use una cantidad adecuada de saltos. Una IPA con 400 g / 14 oz de lúpulo puede costar un poco más, pero sigue siendo asombrosamente barata.

NÚMEROS DE OBJETIVO:

- Gravedad original 1.048-1.052
- Gravedad final 1,008-1,012
- ABV5-5,2%
- Amargura 38 IBU
- Color5 EBC
- TAMAÑO DEL LOTE 20 l / qt
- EFICIENCIA ESTIMADA 70%

BILLETE DE GRANOS

- Nutria Maris, extra pálida 58,3% - 2,7 kg / 6 lb
- Trigo sin maltear 33,3% - 1,5 kg / $3\frac{1}{4}$lb
- Avena, enrollada 8.3% - 400g / 14oz

LÚPULO

- Simcoe (12,3% AA) Hervir 20 minutos - 25 g / 7/8 oz
- Amarillo (8.2% AA) Hervir 15 minutos - 25 g / 7/8 oz
- Simcoe (12,3% AA) Hervir 10 minutos - 25 g / 7/8 oz
- Amarillo (8.2% AA) Aroma intenso - 50g / 1¾oz
- Simcoe (12,3% AA) Aroma intenso - 50g / 1¾oz
- Amarillo (8.2% AA) Lúpulo seco - 25g / 7/8 oz

LEVADURA

- Levadura West Coast Ale, como la US-05, WLP001 o Wyeast 1056, entre otras

Prepara tu levadura. Limpia y prepara tu equipo de elaboración de cerveza.

Lleve 22 litros / cuarto de agua a 69,5 ° C (157 ° F).

Triturar. Mantenga una temperatura de maceración de 64,5 ° C (148 ° F) durante 60 a 90 minutos

Triturar: eleve la temperatura del grano a 75 ° C (167 ° F).

Rocíe con 6 litros / cuarto de agua a 75 ° C (167 ° F) para alcanzar su volumen previo a la ebullición de no más de 26 litros / cuarto.

Hierve el mosto durante 90 minutos. Agregue sus adiciones de lúpulo en una ráfaga de lúpulo, a los 20, 15, 10 y 5 minutos antes del final del hervor.

Enfríe su cerveza a 75-79 °C (167-174 °F) y agregue sus lúpulos aromáticos. Déjelos reposar durante 30 minutos a no más de 79 °C (174 °F).

Enfríe su mosto a 18 °C (64 °F). Mide tu gravedad original. Vuelva a licuar con agua sanitaria para alcanzar su OG deseado.

Transfiera su mosto a un fermentador limpio y sanitario. Airea tu mosto y echa la levadura preparada.

Fermente en el fermentador primario a 18-20 °C (64-68 °F) durante 2 semanas. Asegúrese de tener tres lecturas de gravedad idénticas durante 3 días.

Transferir al fermentador secundario y al lúpulo seco durante 3 días.

Botella con 110 g / 37/8 oz de azúcar de mesa blanca para alcanzar entre 2,4 y 2,5 volúmenes de CO_2.

NÚMEROS DE OBJETIVO:
- Gravedad original 1.059 ?? 1.061
- Gravedad final 1.010 ?? 1.014
- ABV6,2 ?? 6,4%
- Amargura 48 IBU
- Color 15 EBC
- TAMAÑO DEL LOTE 20 l / qt
- EFICIENCIA ESTIMADA 65%

BILLETE DE GRANOS
- Malta pálida, 2 filas de EE. UU. 82% ?? 5 kg / 11 libras
- Malta de Múnich 8.2% - 500 g / $1\frac{1}{8}$lb
- Cara-Pils
- (Carafoam; Dextrina) 3.3% - 200g / 7oz
- Malta de cristal 3.3% - 200g / 7oz
- Malta de melanoidina 3.3% - 200g / 7oz

LÚPULO

- Citra (12% AA) Primer lúpulo de mosto - 20 g / $\frac{3}{4}$oz
- Citra (12% AA) Hervir 10 minutos - 20 g / $\frac{3}{4}$oz
- Citra (12% AA) Hervir 5 minutos - 30 g / 1 oz
- Citra (12% AA) Aroma intenso - 80g / 3oz
- Citra (12% AA) Lúpulo seco - 50g / 1$\frac{3}{4}$oz

LEVADURA

- Cualquier levadura English Ale, como Safale S-04, WLP002 o Wyeast 1968 Alternativas: Dry English Ale Yeast para una cerveza más sesionable o elija White labs WLP007, Wyeast 1098, Mangrove Jacks m07

INGREDIENTES ADICIONALES

- 1 tableta de Protofloc (Irish Moss)

Prepara tu levadura. Limpia y prepara tu equipo de elaboración de cerveza.

Lleve 26 litros / cuarto de agua a 69,5 ° C (157 ° F).

Triturar. Mantenga una temperatura de maceración de 64,5 a 65 ° C (148 a 149 ° F) durante 60 a 90 minutos.

Triturar: eleve la temperatura del grano a 75 ° C (167 ° F).

Rocíe con 4 litros / cuarto de agua a 75 ° C (167 ° F) para alcanzar su volumen previo a la ebullición de no más de 25 litros / cuarto.

Agrega tus primeros lúpulos de mosto. Hierve el mosto durante 60 minutos. Agregue sus clarificaciones 15 minutos antes del final del hervor. Agregue sus adiciones de lúpulo a los 10 y 5 minutos antes del final del hervor.

Enfríe su cerveza a 75–79 ° C (167–174 ° F) y agregue sus lúpulos aromáticos. Déjelos reposar durante 30 minutos a no más de 79 ° C (174 ° F).

Enfríe su mosto a 18 ° C (64 ° F). Mide tu gravedad original. Vuelva a licuar con agua sanitaria para alcanzar su OG deseado.

Transfiera su mosto a un fermentador limpio y sanitario. Airea tu mosto y echa la levadura preparada.

Fermente en el fermentador primario a 18–20 ° C (64–68 ° F) durante 2 semanas. Asegúrese de tener tres lecturas de gravedad idénticas durante 3 días.

Transferir al fermentador secundario y al lúpulo seco durante 3 días.

Botella con 110 g / 37/8 oz de azúcar de mesa blanca para alcanzar de 2,4 a 2,5 volúmenes de CO_2

IPA adicional

NÚMEROS DE OBJETIVO:
- Gravedad original 1.058-1.062
- Gravedad final 1,008-1,010
- ABV 6,8-7%
- Amargura 61 IBU
- Color10 EBC
- TAMAÑO DEL LOTE 20 l / qt
- EFICIENCIA ESTIMADA 65%

BILLETE DE GRANOS
- Nutria Maris 80,4% - 4,5 kg / 10 lb

- Malta de Múnich 8,9% - 500 g / $1\frac{1}{8}$ lb
- Avena, arrollada 3.6% - 200g / 7oz
- Azúcar, blanco 7.1% ?? 400 g / 14 oz

LÚPULO
- Columbus (CTZ) (14% AA) ¿Primer salto de mosto? 25 g / 7/8 oz
- Simcoe (12,3% AA) ¿Hervir 10 minutos? 25 g / 7/8 oz
- Amarillo (8.5% AA) ¿Hervir 10 minutos? 25 g / 7/8 oz
- Amarillo (8.5% AA) Aroma fuerte ?? 25 g / 7/8 oz
- Simcoe (12,3% AA) Aroma intenso - 25 g / 7/8 oz
- Colón (Tomahawk, Zeus; 14% AA)
-     Aroma fuerte - 25g / 7/8 oz
- Centenario (10% AA) Aroma intenso - 50g / $1\frac{3}{4}$ oz
- Lúpulo seco centenario (10% AA) - 50g / $1\frac{3}{4}$ oz
- Amarillo (8.5% AA) Dry hop - 50g / $1\frac{3}{4}$ oz
- Simcoe (12,3% AA) Lúpulo seco - 50 g / $1\frac{3}{4}$ oz

LEVADURA

- Levadura West Coast Ale, como la US-05, WLP001 o Wyeast 1056, entre otras

INGREDIENTES ADICIONALES

1 tableta de musgo irlandés (como Protofloc o Whirlfloc)

Prepara la levadura que elijas; en este estilo, es una buena idea poner en exceso. Limpia y prepara tu equipo de elaboración de cerveza.

Lleve 25 litros / cuarto de agua a 69,5 ° C (157 ° F).

Triturar. Mantenga una temperatura de maceración de 64,5 ° C (148 ° F) durante 60 a 75 minutos.

Triturar: eleve la temperatura del grano a 75 ° C (167 ° F).

Rocíe con 6 litros / cuarto de agua a 75 ° C (167 ° F) para alcanzar su volumen previo a la ebullición de no más de 26 litros / cuarto.

Agregue sus primeros lúpulos de mosto y hierva su mosto durante 60 minutos. Agregue sus adiciones de lúpulo 10 minutos antes del final del hervor.

Enfríe su cerveza a 75-79 ° C (167-174 ° F) y agregue su considerable adición de lúpulo aromático. Déjelos reposar durante 30 minutos a no más de 79 ° C (174 ° F).

Enfríe su mosto a 18 ° C (64 ° F) y vuelva a licuar con agua sanitaria para alcanzar la gravedad original deseada.

Transfiera su mosto a un fermentador limpio y sanitario. Airea tu mosto y echa la levadura preparada.

Fermente en el fermentador primario a 18-20 ° C (64-68 ° F) durante 2 semanas. Asegúrese de tener tres lecturas de gravedad idénticas durante 3 días. Transfiera a su fermentador secundario y lúpulo seco durante 3 días.

Botella con 110 g / 37/8 oz de azúcar de mesa blanca para alcanzar entre 2,4 y 2,5 volúmenes de CO_2.

Totalmente pálido tropical

NÚMEROS DE OBJETIVO:

- Gravedad original 1.058–1.062
- Gravedad final 1.006–1.010
- ABV7–7,2%
- Amargura 35 IBU
- Color10 EBC
- TAMAÑO DEL LOTE 20 l / qt
- EFICIENCIA ESTIMADA 65%

BILLETE DE GRANOS

- Nutria Maris, Extra Pale81.8% - 4.5kg / 10lb
- Malta de Múnich 5.5% - 300g / 10½oz

- Avena, arrollada 3.6% - 200g / 7oz
- Azúcar, blanco 9.1% - 500 g / 1⅛lb

LÚPULO
- Citra (14.2% AA) Hervir 15 minutos - 20 g / ¾oz
- Citra (14.2% AA) Hervir 10 minutos - 20 g / ¾oz
- Citra (14.2% AA) Hervir 5 minutos - 30 g / 1 oz
- Citra (14.2% AA) Aroma intenso - 30g / 1oz
- Mosaico (11.2% AA) Aroma intenso - 100g / 3½oz
- Amarillo (8.5% AA) Dry hop 3 días - 50g / 1¾oz

LEVADURA

- Levadura West Coast Ale, como la US-05, WLP001 o Wyeast 1056 Alternativa: Vermont Ale Yeast

INGREDIENTES ADICIONALES

- 1 tableta de musgo irlandés (como Protofloc o Whirlfloc)

Prepara tu levadura. Limpia y prepara tu equipo de elaboración de cerveza.

Lleve 25 litros / cuarto de agua a 69,5 ° C (157 ° F).

Triturar. Mantenga una temperatura de maceración de 64,5 ° C (148 ° F) durante 60 a 75 minutos.

Triturar: eleve la temperatura del grano a 75 ° C (167 ° F).

Rocíe con 6 litros / cuarto de agua a 75 ° C (167 ° F) para alcanzar su volumen previo a la ebullición de no más de 26 litros / cuarto.

Hierve el mosto durante 75 minutos. Agregue su explosión de lúpulo a los 15, 10 y 5 minutos antes del final del hervor. Agregue su tableta de clarificación a los 15 minutos.

Enfríe su cerveza a 75–79 ° C (167–174 ° F) y agregue su gran adición de lúpulo aromático. Déjelos reposar durante 30 minutos a no más de 79 ° C (174 ° F).

Enfríe su mosto a 18 ° C (64 ° F) y vuelva a licuar con agua sanitaria para alcanzar la gravedad original deseada.

Transfiera su mosto a un fermentador limpio y sanitario. Airea tu mosto y echa la levadura preparada.

Fermente en el fermentador primario a 18–20 ° C (64-68 ° F) durante 2 semanas. Asegúrese de tener tres lecturas de gravedad idénticas durante 3 días. No dejes que esta cerveza se caliente demasiado.

Transferir al fermentador secundario y al lúpulo seco durante 3 días.

Botella con 110 g / 37/8 oz de azúcar de mesa blanca de mesa para alcanzar 2,4–2,5 volúmenes de CO_2.

NÚMEROS DE OBJETIVO:
- Gravedad original 1.080-1.082
- Gravedad final 1,008-1,012
- ABV 9,2-9,4%
- Amargura 108 IBU
- Color8 EBC
- TAMAÑO DEL LOTE 20 l / qt
- EFICIENCIA ESTIMADA 65%

BILLETE DE GRANOS

- Malta pálida, 2 hileras EE. UU. 91,3% - 6,8 kg / 15 lb
- Azúcar blanco 8.7% - 650g / 1½ lb

LÚPULO (500G)

- Guerrero (15% AA)
- Citra (12% AA)
- Centenario (10% AA)
- Amarillo (8.5% AA)
- Simcoe (13% AA)
- Guerrero (15% AA)
- Primer lúpulo de mosto - 75g / 2¾oz
- Aroma fuerte - 50g / 1¾oz
- Aroma fuerte - 50g / 1¾oz
- Aroma fuerte - 50g / 1¾oz
- Aroma fuerte - 100g / 3½oz
- Lúpulo seco 3 días - 25g / 7/8 oz
- Citra (12% AA) Dry hop 3 días - 50g / 1¾oz
- Centennial (10% AA) Dry hop 3 días - 50g / 1¾oz
- Amarillo (8.5% AA) Dry hop 3 días - 50g / 1¾oz

LEVADURA

- Levadura de cerveza de la costa oeste, como la US-05, WLP001 o Wyeast 1056. Mucha.

INGREDIENTES ADICIONALES

- 1 tableta de musgo irlandés (como Protofloc o Whirlfloc)

Prepara tu levadura elegida. Necesitarás mucho. Limpia y prepara tu equipo de elaboración de cerveza.

Lleve 27 litros / cuarto de agua a 69,5 ° C (157 ° F).

Triturar. Mantenga una temperatura de maceración de 64,5 ° C (148 ° F) durante 75-90 minutos.

Triturar: eleve la temperatura del grano a 75 ° C (167 ° F).

Rocíe con 6 litros / cuarto de agua a 75 ° C (167 ° F) para alcanzar su volumen previo a la ebullición de no más de 27 litros / cuarto.

Agregue sus primeros lúpulos de mosto y hierva su mosto durante 60 minutos. Agregue su tableta clarificadora 15 minutos antes del final del hervor.

Enfríe su cerveza a 75-79 ° C (167-174 ° F) y agregue su gran adición de lúpulo aromático. Déjelos reposar durante 30 minutos a no más de 79 ° C (174 ° F).

Enfríe su mosto a 18 ° C (64 ° F) y vuelva a licuar con agua sanitaria para alcanzar la gravedad original deseada.

Transfiera su mosto a un fermentador limpio y sanitario. Airea tu mosto y echa la levadura preparada.

Fermente en el fermentador primario a 18-20 ° C (64-68 ° F) durante 2 semanas. Asegúrese de tener tres lecturas de gravedad idénticas durante 3 días. No dejes que esta cerveza se caliente demasiado.

Transferir al fermentador secundario y al lúpulo seco durante 3 días.

Botella con 110 g / 37/8 oz de azúcar de mesa blanca para alcanzar entre 2,4 y 2,5 volúmenes de CO_2.

NÚMEROS DE OBJETIVO:
- Gravedad original 1.060–1.064
- Gravedad final 1.012-1.016
- ABV6,1–6,4%
- Amargura 41 IBU
- Color 30 EBC
- TAMAÑO DEL LOTE 20 l / qt
- EFICIENCIA ESTIMADA 70%

BILLETE DE GRANOS
- Malta pálida, Maris Otter 52,6% ?? 3 kg / $6\frac{1}{2}$ libras
- Malta de Múnich 35,1% ?? 2 kg / $4\frac{1}{2}$ libras
- Malta cristal4.4% ?? 250g / $8\frac{3}{4}$oz
- Malta cristal pálida4.4% ?? 250g / $8\frac{3}{4}$oz
- Malta Especial B3.5% ?? 200 g / 7 oz

LÚPULO

- Colón (Tomahawk, Zeus; 14% AA)
- Primer lúpulo de mosto - 15 g / ½ oz
- Chinook (13% AA) Hervir 15 minutos - 10 g /   ⅓onz
- Colón (Tomahawk, Zeus; 14% AA)
- Hervir 10 minutos - 10g /⅓onz
- Chinook (13% AA) Hervir 5 minutos - 10 g /   ⅓onz
- Colón (Tomahawk, Zeus; 14% AA)
- Aroma fuerte - 45g / 15/8 oz
- Chinook (13% AA) ¿Aroma fuerte? 50 g / 1¾oz
- Colón (Tomahawk, Zeus; 14% AA)
- Lúpulo seco? 30 g / 1 oz
- Chinook (13% AA) Lúpulo seco - 30g / 1oz

LEVADURA

- Levadura de cerveza de la costa oeste, como la US-05, WLP001 o Wyeast 1056. Mucha.

INGREDIENTES ADICIONALES

- 1 tableta de musgo irlandés (como Protofloc

- o Whirlfloc)

Prepara tu levadura. Limpia y prepara tu equipo de elaboración de cerveza.

Lleve 26 litros / cuarto de agua a 71 ° C (160 ° F).

Triturar. Mantenga una temperatura de maceración de 66 ° C (151 ° F) durante 60 minutos.

Triturar: eleve la temperatura del grano a 75 ° C (167 ° F).

Rocíe con 4 litros / cuarto de agua a 75 ° C (167 ° F) para alcanzar su volumen previo a la ebullición de no más de 25 litros / cuarto.

Agregue sus primeros lúpulos de mosto y luego hierva su mosto durante 60 minutos. Agregue sus adiciones de lúpulo a los 15, 10 y 5 minutos antes del final del hervor. Agregue su tableta de clarificación a los 15 minutos.

Enfríe su cerveza a 75-79 ° C (167-174 ° F) y agregue su adición de lúpulo aromático.

Déjelos reposar durante 30 minutos a no más de 79 ° C (174 ° F).

Enfríe su mosto a 18 ° C (64 ° F) y vuelva a licuar con agua sanitaria para alcanzar la gravedad original deseada.

Transfiera su mosto a un fermentador limpio y sanitario. Airea tu mosto y echa la levadura preparada.

Fermente en el fermentador primario a 18-20 ° C (65-68 ° F) durante 2 semanas. Asegúrese de tener tres lecturas de gravedad idénticas durante 3 días.

Transferir al fermentador secundario y al lúpulo seco durante 3 días.

Botella con 110 g / 37/8 oz de azúcar de mesa blanca para alcanzar entre 2,4 y 2,5 volúmenes de CO_2.

NÚMEROS DE OBJETIVO:

- Gravedad original 1.054-1.056
- Gravedad final 1.010-1.014
- ABV 5,8-6,2%
- Amargura 32 IBU
- Color 52 EBC
- TAMAÑO DEL LOTE 20 l / qt
- EFICIENCIA ESTIMADA 70%

BILLETE DE GRANOS

- Malta pálida, Maris Otter 76.1% - 4kg / 9lb
- Malta Crystal 9.5% - 500g / $1\frac{1}{8}$lb
- Malta ámbar 5.7% - 300g / $10\frac{1}{2}$ oz
- Malta de chocolate 4.8% - 250g / $8\frac{3}{4}$oz

- Avena, arrollada 3.9% - 200g / 7oz

LÚPULO

- Colón (Tomahawk, Zeus; 16% AA)

- Hervir 10 minutos - 30 g / 1 oz
- Colón (Tomahawk, Zeus; 16% AA)
- Hervir 5 minutos - 30 g / 1 oz
- Colón (Tomahawk, Zeus; 16% AA)
- Aroma fuerte - 100g / $3\frac{1}{2}$oz
- Centenario (10% AA) Aroma intenso - 40g / $1\frac{1}{2}$oz

LEVADURA

- Levadura de cerveza de la costa oeste, como Safale US-05, WLP001 o Wyeast 1056

INGREDIENTES ADICIONALES

- 1 tableta de musgo irlandés (como Protofloc o Whirlfloc)

Prepara tu levadura. Limpia y prepara tu equipo de elaboración de cerveza.

Lleve 24 litros / cuarto de agua a una temperatura de 71,5 ° C (161 ° F).

Triturar. Mantenga una temperatura de maceración de 66 ° C (151 ° F) durante 60 minutos.

Triturar: eleve la temperatura del grano a 75 ° C (167 ° F).

Rocíe con 4 litros / cuarto de agua a 75 ° C (167 ° F) para alcanzar su volumen previo a la ebullición de no más de 25 litros / cuarto.

Hierve el mosto durante 60 minutos. Agregue su explosión de lúpulo a los 10 y 5 minutos antes del final del hervor. Agregue su tableta de clarificación a los 15 minutos.

Enfríe su cerveza a 75-79 ° C (167-174 ° F) y agregue su adición de lúpulo aromático.

Déjelos reposar durante 30 minutos a no más de 79 ° C (174 ° F).

Enfríe su mosto a 18 ° C (64 ° F) y vuelva a licuar con agua sanitaria para alcanzar la gravedad original deseada.

Transfiera su mosto a un fermentador limpio y sanitario. Airea tu mosto y echa la levadura preparada.

Fermente en el fermentador primario a 18-20 ° C (64-68 ° F) durante 2 semanas. Asegúrese de tener tres lecturas de gravedad idénticas durante 3 días.

Botella con 110 g / 37/8 oz de azúcar de mesa blanca para alcanzar entre 2,4 y 2,5 volúmenes de CO_2.

Vino de cebada americano

NÚMEROS DE OBJETIVO:
- Gravedad original 1.092-1.096
- Gravedad final 1.016-1.020
- ABV 9,8-10,2%
- Amargura 100 IBU
- Color27 EBC
- TAMAÑO DEL LOTE 20 l / qt
- EFICIENCIA ESTIMADA 60%

BILLETE DE GRANOS
- Malta pálida, Maris Otter90% ?? 9 kg / 20 libras
- Malta cristal 5% - 500 g / 1⅛lb

- Malta ámbar 2% - 200g / 7oz
- Avena, arrollada3% - 300g / 10½oz

LÚPULO

- Guerrero (15% AA) Primer lúpulo de mosto - 50 g / 1¾oz
- Amarillo (8.5% AA) Hervir 10 minutos - 50g / 1¾oz
- Chinook (13% AA) Hervir 5 minutos - 50 g / 1¾oz
- Amarillo (8.5% AA) Aroma intenso - 50g / 1¾oz
- Chinook (13% AA) Aroma intenso - 50g / 1¾oz

LEVADURA

- Levadura de cerveza de la costa oeste, como Safale US-05, WLP001 o Wyeast 1056. Mucha.

INGREDIENTES ADICIONALES

- 1 tableta de musgo irlandés (como Protofloc o Whirlfloc)

Prepara tu levadura elegida. Necesitará muchas células. Limpia y prepara tu equipo de elaboración de cerveza.

Lleve 28 litros / cuarto de agua a 72 ° C (161 ° F).

Triturar. Mantenga una temperatura de maceración de 66 ° C (151 ° F) durante 60 a 75 minutos.

Triturar: eleve la temperatura del grano a 75 ° C (167 ° F).

Rocíe con 8 litros / cuarto de agua a 75 ° C (167 ° F) para alcanzar su volumen previo a la ebullición de no más de 25 litros / cuarto.

Agregue sus lúpulos First Wort y hierva su mosto durante 60 minutos. Agrega tus lúpulos aromáticos a los 10 y 5 minutos antes del final del hervor. Agregue su tableta de clarificación a los 15 minutos.

Enfríe su cerveza a 75-79 ° C (167-174 ° F) y agregue su adición de lúpulo aromático.

Déjelos reposar durante 30 minutos a no más de 79 ° C (174 ° F).

Enfríe su mosto a 18 ° C (64 ° F) y vuelva a licuar con agua sanitaria para alcanzar la gravedad original deseada.

Transfiera su mosto a un fermentador limpio y sanitario. Airea tu mosto y echa la levadura preparada.

Fermente en el fermentador primario a 18-20 ° C (64-68 ° F) durante 2-3 semanas. Fabricar

asegúrese de tener tres lecturas de gravedad idénticas durante 3 días.

Envase con 120g / 4¼oz de azúcar de mesa blanca para alcanzar 2,5-2,7 volúmenes de CO_2.

Añeja esta cerveza durante al menos 4 semanas a temperatura ambiente.

NÚMEROS DE OBJETIVO:

- Gravedad original 1.052-1.056
- Gravedad final 1.016-1.018
- ABV 4,8-5,2%
- Amargura 37 IBU
- Color17 EBC
- TAMAÑO DEL LOTE 20 l / qt
- EFICIENCIA ESTIMADA 70%

BILLETE DE GRANOS

- Malta pálida, Maris Otter 90,9% - 4,5 kg / 10 lb
- Malta de cristal 5.1% - 250g / $8\frac{3}{4}$oz
- Malta ámbar 4% - 200g / 7oz

LÚPULO

- Hallertauer Mittelfrueh (4% AA)
-     Primer lúpulo de mosto - 50 g / 1¾oz
- Hallertauer Mittelfrueh (4% AA)
-     Hervir 15 minutos - 50 g / 1¾oz
- Hallertauer Mittelfrueh (4% AA)
-     Aroma fuerte - 50g / 1¾oz

LEVADURA

- Levadura San Francisco Lager
- (Levadura Lager de California - WLP810, Wyeast 2112)

INGREDIENTES ADICIONALES

- 1 tableta de musgo irlandés (como Protofloc o Whirlfloc)

Prepara tu levadura elegida. Asegúrese de que su calculadora de levadura esté configurada en 'lager'

- necesitará muchos y, probablemente, necesitará hacer un entrante. Limpia y prepara tu equipo de elaboración de cerveza.

Lleve 24 litros / cuarto de agua a 71 ° C (160 ° F).

Triturar. Mantenga una temperatura de maceración de 65 ° C (149 ° F) durante 60 a 75 minutos.

Triturar: eleve la temperatura del grano a 75 ° C (167 ° F).

Rocíe con 6 litros / cuarto de agua a 75 ° C (167 ° F) para alcanzar su volumen previo a la ebullición de no más de 24 litros / cuarto.

Agregue sus primeros lúpulos de mosto y hierva su mosto durante 60 minutos. Agregue sus lúpulos de sabor y clarificaciones 15 minutos antes del final del hervor.

Enfríe su cerveza a 75-79 ° C (167-174 ° F) y agregue su adición de lúpulo aromático.

Déjelos reposar durante 30 minutos a no más de 79 ° C (174 ° F).

Enfríe su mosto a 18 ° C (64 ° F) y vuelva a licuar con agua sanitaria para alcanzar la gravedad original deseada.

Transfiera su mosto a un fermentador limpio y sanitario. Airea tu mosto y echa la levadura preparada.

Fermente en el fermentador primario a 14-18 ° C (57-64 ° F) durante 2 semanas. Asegúrese de tener tres lecturas de gravedad idénticas durante 3 días.

Botella con 110 g / 37/8 oz de azúcar de mesa blanca para alcanzar entre 2,4 y 2,5 volúmenes de CO_2.

Bomba rubia belga

NÚMEROS DE OBJETIVO:
- Gravedad original 1.054-1.058
- Gravedad final 1.006-1.010
- ABV 6,4-6,6%
- Amargura 22 IBU
- Color8 EBC
- TAMAÑO DEL LOTE 20 l / qt
- EFICIENCIA ESPERADA 70%

BILLETE DE GRANOS
- Malta pálida, belga 81,6% - 4 kg / 9 lb
- Malta de trigo 10,2% - 500 g / 1⅛ lb

- Azúcar, blanco 8.2% - 400g / 14oz

LÚPULO
- Tettnang (4.5% AA) Primer lúpulo de mosto - 20 g / $\frac{3}{4}$oz
- Saaz (4% AA) Hervir 30 minutos - 20 g / $\frac{3}{4}$oz
- Saaz (4% AA) Hervir 10 minutos - 20 g / $\frac{3}{4}$oz

LEVADURA

- Levadura de abadía belga. Yo optaría por la levadura Wesmalle (WLP530, Wyeast 3787), pero la levadura Chimay (WLP500, Wyeast 1214) o la levadura Rochefort (WLP540, Wyeast 1762) también son buenas opciones.
- Alternativas: levadura belga seca como Mangrove Jacks Belgian Ale o Safbrew Abbaye

INGREDIENTES ADICIONALES

- 1 tableta de musgo irlandés (como Protofloc o Whirlfloc)

Prepara tu levadura. Limpia y prepara tu equipo de elaboración de cerveza.

Lleve 24 litros / cuarto de agua a 69 ° C (156 ° F). Trate esta agua de acuerdo con su informe de agua.

Triturar. Mantenga una temperatura de maceración de 65 ° C (149 ° F) durante 60 minutos.

Triturar: eleve la temperatura del grano a 75 ° C (167 ° F).

Rocíe con 4 litros / cuarto de agua a 75 ° C (167 ° F) para alcanzar su volumen previo a la ebullición de no más de 23 litros / cuarto.

Agrega tus primeros lúpulos de mosto y tu azúcar. Hierve el mosto durante 60 minutos.

Agregue sus lúpulos de sabor a 30 y 10 minutos antes del final del hervor.

Enfríe su mosto a 18 ° C (64 ° F). Mide tu gravedad original. Vuelva a licuar con agua sanitaria para alcanzar su OG deseado.

Transfiera su mosto a un fermentador limpio y sanitario. Airea tu mosto y echa la levadura preparada.

Fermentar en fermentador primario a 18 ° C (64 ° F) durante los primeros 2-3 días de activo

fermentación. Luego, retire todo el enfriamiento para permitir que su temperatura suba sin problemas. Trate de que no suba por encima de los 26 ° C (79 ° F). Independientemente de la temperatura que alcance, manténgala allí hasta que tenga tres lecturas de gravedad idénticas durante 3 días.

Envase con 140g / 5oz de azúcar de mesa blanca para alcanzar aproximadamente 3 volúmenes de CO_2.

📖📖🔊 Abbey dubbel

NÚMEROS DE OBJETIVO:
- Gravedad original 1.066-1.068
- Gravedad final 1,004-1,008
- ABV 7,8-8,2%
- Amargura 23 IBU
- Color 70 EBC
- TAMAÑO DEL LOTE 20 l / qt
- EFICIENCIA ESPERADA 70%

BILLETE DE GRANOS
- Malta pálida, belga 66,7% - 4 kg / 9 lb

- Malta de trigo 8.3% - 500g / 1⅛lb
- Cara – Munich Malt8,3% - 500 g / 1⅛lb
- Azúcar candi oscuro 16.7% - 1 kg / 2¼lb

LÚPULO

- Hallertauer Mittelfrueh (4% AA)
- Primer lúpulo de mosto - 30 g / 1 oz
- Hallertauer Mittelfrueh (4% AA)
- Hervir 20 minutos - 30 g / 1 oz

LEVADURA

- Levadura de abadía belga. Para esto, optaría por la levadura Rochefort (WLP540, Wyeast 1762), pero también podría optar por la levadura Wesmalle (WLP530, Wyeast 3787) o la levadura Chimay (WLP500, Wyeast 1214)
- Alternativas: levadura belga seca como Safbrew Abbaye o Mangrove Jacks Belgian Ale

INGREDIENTES ADICIONALES

- 1 tableta de musgo irlandés (como Protofloc o Whirlfloc)

Prepara tu levadura. Necesitarás mucho. Limpia y prepara tu equipo de elaboración de cerveza.

Lleve 24 litros / cuarto de agua a 69 ° C (156 ° F). Trate esta agua de acuerdo con su informe de agua.

Triturar. Mantenga una temperatura de maceración de 65 ° C (149 ° F) durante 60 minutos.

Triturar: eleve la temperatura del grano a 75 ° C (167 ° F).

Rocíe con 4 litros / cuarto de agua a 75 ° C (167 ° F) para alcanzar su volumen previo a la ebullición de no más de 23 litros / cuarto.

Agrega tus primeros lúpulos de mosto y tu azúcar. Hierva el mosto durante 75 a 90 minutos.

Agregue sus lúpulos de sabor 20 minutos antes del final del hervor.

Enfríe su mosto a 18 ° C (64 ° F). Mide tu gravedad original. Vuelva a licuar con agua sanitaria para alcanzar su OG deseado.

Transfiera su mosto a un fermentador limpio y sanitario. Airea tu mosto y echa la levadura preparada.

Fermente en el fermentador primario a 18 ° C (64 ° F) durante los primeros 2-3 días de fermentación activa. Luego, retire todo el enfriamiento para permitir que su temperatura suba sin problemas. Hacer

no deje que suba por encima de los 26 ° C (79 ° F). Independientemente de la temperatura que alcance, manténgala allí hasta que tenga tres lecturas de gravedad idénticas. Espere que esto tome alrededor de 2 semanas desde el lanzamiento.

Embotelle con 120g / 4¼oz de azúcar de mesa blanca para alcanzar aproximadamente 2,7-2,8 volúmenes de CO_2. Esta cerveza se beneficiará de un poco de acondicionamiento en botella y mejorará con la edad.

📄📄🦜 Amenaza Tripel

NÚMEROS DE OBJETIVO:
- Gravedad original 1.074-1.078
- Gravedad final 1,004-1,006
- ABV 9,4-9,8%
- Amargura 38 IBU

- Color7 EBC
- TAMAÑO DEL LOTE 20 l / qt
- EFICIENCIA ESPERADA 70%

BILLETE DE GRANOS
- Malta pálida, belga 72,6% - 4,5 kg / 10 lb
- Malta de trigo 8.1% - 500g / $1\frac{1}{8}$lb
- Azúcar, blanco 19,4% - 1,2 kg / $2\frac{1}{2}$ lb

LÚPULO

- Styrian Goldings (5.4% AA) Primer lúpulo de mosto - 40 g / $1\frac{1}{2}$ oz
- Hallertauer Mittelfrueh (4% AA) Hervir 30 minutos - 20 g / $\frac{3}{4}$oz
- Hallertauer Mittelfrueh (4% AA) Hervir 15 minutos - 30 g / 1 oz

LEVADURA

- Levadura de abadía belga, como la levadura Wesmalle (WLP530, Wyeast 3787), la levadura Chimay (WLP500, Wyeast 1214) o la levadura Rochefort (WLP540, Wyeast 1762)
- Alternativas: levadura belga seca como Safbrew Abbaye o Mangrove Jacks Belgian Ale

INGREDIENTES ADICIONALES

- 1 tableta de musgo irlandés (como Protofloc o Whirlfloc)

Prepara tu levadura. Necesitarás mucho. Limpia y prepara tu equipo de elaboración de cerveza.

Lleve 24 litros / cuarto de agua a 69 ° C (156 ° F). Trate esta agua de acuerdo con su informe de agua.

Triturar. Mantenga una temperatura de maceración de 64,5 ° C (148 ° F) durante 75 minutos.

Triturar: eleve la temperatura del grano a 75 ° C (167 ° F).

Rocíe con 4 litros / cuarto de agua a 75 ° C (167 ° F) para alcanzar su volumen previo a la ebullición de no más de 24 litros / cuarto.

Agrega tus primeros lúpulos de mosto y tu azúcar. Hierve el mosto durante 90 minutos.

Agregue sus lúpulos de sabor a 30 y 15 minutos antes del final del hervor.

Enfríe su mosto a 18 ° C (64 ° F). Mide tu gravedad original. Vuelva a licuar con agua sanitaria para alcanzar su OG deseado.

Transfiera su mosto a un fermentador limpio y sanitario. Airea tu mosto y echa la levadura preparada.

Fermente en el fermentador primario a 18 ° C (64 ° F) durante los primeros 2-3 días de fermentación activa. Luego, retire todo el enfriamiento para permitir que su temperatura suba sin problemas. No deje que suba por encima de los 26 ° C (79 ° F). Sea cual sea la temperatura que alcance, mantenla allí hasta que tenga tres lecturas de gravedad idénticas durante 3 días. Espere que esto tome alrededor de 2 semanas desde el lanzamiento.

Embotelle con 120g / $4\frac{1}{4}$oz de azúcar de mesa blanca para alcanzar aproximadamente 2,7-2,8 volúmenes de CO_2. Esta cerveza se beneficiará de un poco de acondicionamiento en botella y algo de añejamiento.

     Patio

NÚMEROS DE OBJETIVO:

- Gravedad original 1.088-1.092
- Gravedad final 1.010-1.014
- ABV 10,2-10,6%
- Amargura 34 IBU
- Color7 EBC
- TAMAÑO DEL LOTE 20 l / qt
- EFICIENCIA ESPERADA 70%

BILLETE DE GRANOS
- Malta Pilsener, belga 40.5% - 3 kg / 6½ lb
- Malta pálida, belga 40,5% - 3 kg / 6½ lb
- Azúcar Candi belga, oscuro 18,9% - 1,4 kg / 3 lb

LÚPULO

- Cervecero del Norte (8.5% AA)
- Primer lúpulo de mosto - 26g / 7/8 oz
- Styrian Goldings (5,4% AA)
- Hervir 30 minutos - 20 g / ¾oz

- Hallertauer Mittelfrueh (4% AA)
- Hervir 15 minutos - 20 g / ¾oz

LEVADURA

- Levadura Wesmalle (WLP530, Wyeast 3787) Para darle un giro, puede cultivar la levadura original de Westvleteren de una botella de St Bernardus Pater 6.

INGREDIENTES ADICIONALES

- 1 tableta de musgo irlandés (como Protofloc o Whirlfloc)

Prepara tu levadura. Necesitarás mucho. Limpia y prepara tu equipo de elaboración de cerveza.

Lleve 25 litros / cuarto de agua a 70 ° C (158 ° F). Trate esta agua de acuerdo con su informe de agua.

Triturar. Mantenga una temperatura de maceración de 65 ° C (149 ° F) durante 75 minutos.

Triturar: eleve la temperatura del grano a 75 ° C (167 ° F).

Rocíe con 6 litros / cuarto de agua a 75 ° C (167 ° F) para alcanzar su volumen previo a la ebullición de no más de 24 litros / cuarto.

Agrega tus primeros lúpulos de mosto y tu azúcar. Hierve el mosto durante 90 minutos.

Agregue sus lúpulos de sabor a 30 y 15 minutos antes del final del hervor.

Enfríe su mosto a 18 ° C (64 ° F). Mide tu gravedad original. Vuelva a licuar con agua sanitaria para alcanzar su OG deseado.

Transfiera su mosto a un fermentador limpio y sanitario. Airea tu mosto y echa la levadura preparada.

Fermentar en fermentador primario a 18 ° C (64 ° F) durante los primeros 2 días de fermentación activa. Luego, retire todo el enfriamiento para permitir que la temperatura aumente libremente. Solo enfríelo si alcanza los 30 ° C (86 ° F). Sea cual sea la temperatura que alcance, calienta la fermentación para que no baje. Estará terminado cuando tenga tres lecturas de gravedad idénticas en 3 días. Espere que esto tome de 2 a 3 semanas desde el lanzamiento.

Embotellar, cuidando de hacerlo sin añadir oxígeno, con 120g / $4\frac{1}{4}$oz de azúcar de mesa blanca para alcanzar aproximadamente 2,7-2,8 volúmenes de CO_2. Esta cerveza solo mejorará con la edad.

📄🍺🍺 Saison

NÚMEROS DE OBJETIVO:
- Gravedad original 1.058-1.062
- Gravedad final 1,008-1,010
- ABV6,3-6,5%
- Amargura 30 IBU
- Color7 EBC
- TAMAÑO DEL LOTE 20 l / qt
- EFICIENCIA 70%

BILLETE DE GRANOS
- Malta Pilsner, belga 90,9% - 5 kg / 11 libras
- Trigo, sin maltear 5.5% - 300g / 10½oz

- Azúcar, blanco 3.6% - 200g / 7oz

LÚPULO
- Saaz (4% AA) Primer lúpulo de mosto - 30 g / 1 oz
- Saaz (4% AA) Hervir 30 minutos - 20 g / ¾oz
- Saaz (4% AA) Hervir 15 minutos - 30 g / 1 oz

LEVADURAS

- Levadura Saison, como WLP565, Wyeast 3724 o Danstar Belle Saison
- Levadura de champán, seca

Prepara tu levadura de salsa. Limpia y prepara tu equipo de elaboración de cerveza.

Lleve 24 litros / cuarto de agua a 70 ° C (158 ° F). Trate esta agua de acuerdo con su informe de agua.

Triturar. Mantenga una temperatura de maceración de 64,5 ° C (148 ° F) durante 90 minutos.

Triturar: eleve la temperatura del grano a 75 ° C (167 ° F).

Rocíe con 4 litros / cuarto de agua a 75 ° C (167 ° F) para alcanzar su volumen previo a la ebullición de no más de 24 litros / cuarto.

Agrega tus primeros lúpulos de mosto y tu azúcar. Hierve el mosto durante 90 minutos.

Agregue sus lúpulos de sabor a 30 y 15 minutos antes del final del hervor.

Enfríe su mosto a 18 ° C (64 ° F). Mide tu gravedad original. Vuelva a licuar con agua sanitaria para alcanzar su OG deseado.

Transfiera su mosto a un fermentador limpio y sanitario. Airee su mosto y eche su levadura saison preparada.

Fermentar en fermentador primario a 18 ° C (64 ° F) durante los primeros 2 días de fermentación. Luego, detenga el enfriamiento para permitir que su temperatura aumente libremente. Una vez que haya subido lo más alto posible, caliente hasta que alcance los 30–32 ° C (86–90 ° F). No deje que la temperatura baje hasta que haya disminuido toda la actividad, por lo general entre 7 y 10 días.

Una vez que la levadura haya floculado, transfiera la cerveza al fermentador secundario y eche la levadura de champán. Déjelo en la levadura durante al menos 1 semana, o cuando tenga tres lecturas de gravedad idénticas durante 3 días.

Botella, con 150g / 5¼oz de azúcar de mesa blanca para alcanzar aproximadamente 3 volúmenes de CO_2.

📄⏳🥄 Golden ale belga fuerte

NÚMEROS DE OBJETIVO:

- Gravedad original 1.070-1.074
- Gravedad final 1,004-1,008
- ABV8,8-9%
- Amargura 30 IBU
- Color7 EBC
- TAMAÑO DEL LOTE 20 l / qt
- EFICIENCIA ESPERADA 70%

BILLETE DE GRANOS

- Malta Pilsner, Belga 83,3% - 5 kg / 11 lb
- Azúcar, blanco 16.7% - 1 kg / 2¼ lb

LÚPULO

- Saaz (4% AA) Primer lúpulo de mosto - 50 g / 1¾oz
- Saaz (4% AA) Hervir 15 minutos - 25 g / 7/8 oz
- Saaz (4% AA) Hervir 1 min - 25g / 7/8 oz

LEVADURA

- Belgian Golden Ale, como WLP570 o Wyeast 1388
  Alternativas: Levadura belga seca como Mangrove Jacks
  Belgian Ale o Safbrew T-58

INGREDIENTES ADICIONALES

- 1 tableta de musgo irlandés (como Protofloc o Whirlfloc)

Prepara tu levadura. Limpia y prepara tu equipo de elaboración de cerveza.

Lleve 25 litros / cuarto de agua a 69 °C (156 °F). Trate esta agua de acuerdo con su informe de agua.

Triturar. Mantenga una temperatura de maceración de 64,5 °C (148 °F) durante 75-90 minutos.

Triturar: eleve la temperatura del grano a 75 °C (167 °F).

Rocíe con 4 litros / cuarto de agua a 75 °C (167 °F) para alcanzar su volumen previo a la ebullición de no más de 23 litros / cuarto.

Agrega tus primeros lúpulos de mosto y tu azúcar. Hierve el mosto durante 90 minutos.

Agrega tus lúpulos aromáticos a los 15 y 1 minuto antes del final del hervor.

Enfríe su mosto a 18 ° C (64 ° F). Mide tu gravedad original. Vuelva a licuar con agua sanitaria para alcanzar su OG deseado.

Transfiera su mosto a un fermentador limpio y sanitario. Airea tu mosto y echa la levadura preparada.

Fermente en el fermentador primario a 18 ° C (64 ° F) durante los primeros 2-3 días de fermentación activa. Luego, retire todo el enfriamiento para permitir que su temperatura suba sin problemas. Trate de que no suba por encima de los 26 ° C (79 ° F). Sea cual sea la temperatura que alcance, manténgala allí. Quieres 3 días de lecturas de gravedad idénticas.

Envase con 140g / 5oz de azúcar de mesa blanca para alcanzar aproximadamente 3 volúmenes de CO_2.

NÚMEROS DE OBJETIVO:

- Gravedad original 1.048-1.050
- Gravedad final 1.010-1.014
- ABV 4,8-5%
- Amargura 12 IBU
- Color6 EBC
- TAMAÑO DEL LOTE 20 l / qt
- EFICIENCIA ESPERADA 70%

BILLETE DE GRANOS

- Malta Pilsner, alemana 50% - 2,2 kg / 47 / 8lb

- Malta de trigo, alemana 50% - 2,2 kg / 47 / 8lb

LÚPULO

- Hallertauer Mittelfrueh (4% AA)
-    Primer lúpulo de mosto - 16 g / ½ oz
- Hallertauer Mittelfrueh (4% AA)
- Hervir 15 minutos - 16 g / ½ oz

LEVADURA

- Weihenstephaner Weizen Ale,
- WLP300 o Wyeast 3068
- Alternativas: levadura Hefe seca como Mangrove Jacks
- Trigo bávaro o Safbrew WB-06

Prepara tu levadura. Solo desea lanzar dos tercios de lo que dice su calculadora de levadura para lanzar. Limpia y prepara tu equipo de elaboración de cerveza.

Lleve 24 litros / cuarto de agua a 69 ° C (156 ° F). Trate esta agua de acuerdo con su informe de agua.

Triturar. Mantenga una temperatura de maceración de 65 ° C (149 ° F) durante 60 minutos.

Triturar: eleve la temperatura del grano a 75 ° C (167 ° F).

Rocíe con 4 litros / cuarto de agua a 75 ° C (167 ° F) para alcanzar su volumen previo a la ebullición de no más de 22 litros / cuarto.

Agrega tus primeros lúpulos de mosto. Hierve el mosto durante 75 minutos. Agregue sus lúpulos de sabor a los 15 minutos antes del final del hervor. NO AGREGUE NINGUNA FINALIDAD.

Enfríe su mosto a 18 ° C (64 ° F). Mide tu gravedad original. Vuelva a licuar con agua sanitaria para alcanzar su OG deseado.

Transfiera su mosto a un fermentador limpio y sanitario. Airea tu mosto y echa la levadura preparada.

Fermente en el fermentador primario a 18-22 ° C (64-72 ° F) durante 1 semana; desea 3 días de lecturas de gravedad constantes. Tan pronto como tenga esto, proceda al embotellado.

Envase con 150g / 5¼oz de azúcar de mesa blanca para alcanzar aproximadamente 3 volúmenes de CO_2. Disfrútelo en 2 meses, idealmente.

NÚMEROS DE OBJETIVO:
- Gravedad original 1.068-1.070
- Gravedad final 1.014-1.018
- ABV 6,8-7,2%
- Amargura 20 IBU
- Color46 EBC
- TAMAÑO DEL LOTE 20 l / qt
- EFICIENCIA ESPERADA 70%

BILLETE DE GRANOS
- Malta de trigo, alemana 47,6% - 3 kg / 6½ lb
- Nutria Maris 23,8% - 1,5 kg / 3¼ libras
- Malta de Múnich15,9% - 1 kg / 2¼lb
- Malta Cristal Pálido 4.8% - 300g / 10½oz
- Malta Especial B4.8% - 300g / 10½oz
- Malta de trigo y chocolate3.2% - 200g / 7oz

LÚPULO

- Hallertauer Mittelfrueh (4% AA)
- Primer lúpulo de mosto - 30 g / 1 oz

- Hallertauer Mittelfrueh (4% AA)
- Hervir 15 minutos - 30 g / 1 oz

LEVADURA

- Weihenstephaner Weizen Ale,
- WLP300 o Wyeast 3068
- Alternativas: levadura Hefe seca como Mangrove Jacks
- Trigo bávaro o Safbrew WB-06

Prepara tu levadura. Desea lanzar su número requerido de celdas, y un tercio más de nuevo. Esto es para enfatizar el sabor a plátano. Limpia y prepara tu equipo de elaboración de cerveza.

Lleve 26 litros / cuarto de agua a 70 ° C (158 ° F). Trate esta agua de acuerdo con su informe de agua.

Triturar. Mantenga una temperatura de maceración de 65 ° C (149 ° F) durante 60 minutos.

Triturar: eleve la temperatura del grano a 75 ° C (167 ° F).

Rocíe con 6 litros / cuarto de agua a 75 ° C (167 ° F) para alcanzar su volumen previo a la ebullición de no más de 22 litros / cuarto.

Agrega tus primeros lúpulos de mosto. Hierve el mosto durante 60 minutos. Agregue sus lúpulos de sabor a los 15 minutos antes del final del hervor. NO AGREGUE NINGUNA FINALIDAD.

Enfríe su mosto a 18 ° C (64 ° F). Mide tu gravedad original.
Vuelva a licuar con agua sanitaria para alcanzar su OG deseado.

Transfiera su mosto a un fermentador limpio y sanitario. Airea
tu mosto y echa la levadura preparada.

Fermente en el fermentador primario a 18-22 ° C (64-72 ° F)
durante 1 semana, o hasta que tenga 3 días consecutivos de
lecturas de gravedad idénticas. Tan pronto como tenga esto,
proceda al embotellado.

Envase con 150g / $5\frac{1}{4}$oz de azúcar de mesa blanca para alcanzar
aproximadamente 3 volúmenes de CO2.

NÚMEROS DE OBJETIVO:
- Gravedad original 1.048-1.050
- Gravedad final 1.010-1.012
- ABV5-5,2%
- Amargura 28 IBU
- Color7 EBC
- TAMAÑO DEL LOTE 20 l / qt
- EFICIENCIA ESPERADA 70%

BILLETE DE GRANOS
- Malta Pilsner, Alemana 100% - 4.5 kg / 10 lb

LÚPULO
- Hallertauer Mittelfrueh (4% AA)
- Primer lúpulo de mosto - 40 g / $1\frac{1}{2}$ oz
- Hallertauer Mittelfrueh (4% AA)
- Hervir 15 minutos - 20 g / $\frac{3}{4}$oz

- Hallertauer Mittelfrueh (4% AA)
- Hervir 1 min - 40g / 1½ oz

LEVADURA

- Levadura de Kolsch, WLP029 o Wyeast 2565
- Alternativa: Safale K-97

INGREDIENTES ADICIONALES

- 1 tableta de musgo irlandés (como Protofloc o Whirlfloc)
- 1 hoja de gelatina en hojas, post-fermentativa

Prepara tu levadura. Quieres lanzar mucho, incluso un poco más. Limpia y prepara tu equipo de elaboración de cerveza.

Lleve 24 litros / cuarto de agua a 70 ° C (158 ° F). Trate esta agua de acuerdo con su informe de agua.

Triturar. Mantenga una temperatura de maceración de 65 ° C (149 ° F) durante 60 minutos.

Triturar: eleve la temperatura del grano a 75 ° C (167 ° F).

Rocíe con 4 litros / cuarto de agua a 75 ° C (167 ° F) para alcanzar su volumen previo a la ebullición de no más de 22 litros / cuarto.

Agrega tus primeros lúpulos de mosto. Hierve el mosto durante 60 minutos. Agregue sus lúpulos de sabor a los 15 minutos y sus lúpulos de aroma justo antes del apagado.

Enfríe su mosto a 18 °C (64 °F). Mide tu gravedad original.
Vuelva a licuar con agua sanitaria para alcanzar su OG deseado.

Transfiera su mosto a un fermentador limpio y sanitario. Airea
tu mosto y echa la levadura preparada.

Fermente en el fermentador primario a 18-20 °C (64-68 °F)
durante 2 semanas, o hasta que tenga 3 días consecutivos de
lecturas de gravedad idénticas. No querrás dejar que este
sobrepase los 20 °C (68 °F) durante los primeros 3 días, o no
tendrás un carácter tan limpio.

Disuelva su hoja de gelatina en 200ml / 7fl oz de agua hirviendo
en una jarra sanitaria y luego vierta este líquido en su cerveza.
Espere uno o dos días a que se aclare la cerveza.

Embotelle con 120 g / 4¼ oz de azúcar de mesa blanca para
alcanzar aproximadamente 2,4-2,5 volúmenes de CO_2.

RECETAS DE CERVEZA ESPECIALIZADAS

NÚMEROS DE OBJETIVO:

- Gravedad original 1.054-1.056
- Gravedad final 1.010-1.012
- ABV 5,8-6%
- Amargura 40 IBU
- Color 20 EBC
- TAMAÑO DEL LOTE 20 l / qt
- EFICIENCIA ESTIMADA 70%

BILLETE DE GRANOS

- Malta pálida, Nutria Maris 90,9% - 4,5 kg / 10 lb
- Crystal Malt 6.1% - 300g / 10½oz

- Azúcar en polvo, 3% - 150g / 5¼oz

LÚPULO
- Chinook (13% AA) Primer lúpulo de mosto - 20 g / ¾oz
- Hervir 15 minutos - 20 g / goz
- Chinook (13% AA) Aroma intenso - 50g / 1¾oz
- SimcoeAroma Steep - 80g / 3oz
- Flores de saúco frescas Aroma empinado - 1 litro / jarra de cuarto de
-    flores, tallos eliminados

LEVADURA

- Levadura de cerveza de la costa oeste, como la US-05, WLP001 o Wyeast 1056. Mucho

INGREDIENTES ADICIONALES

- 1 tableta de musgo irlandés (como Protofloc o Whirlfloc)

Prepara tu levadura elegida. Limpia y prepara tu equipo de elaboración de cerveza.

Lleve 26 litros / cuarto de agua a 71 ° C (160 ° F).

Triturar. Mantenga una temperatura de maceración de 66 ° C (151 ° F) durante 60 minutos.

Triturar: eleve la temperatura del grano a 75 ° C (167 ° F).

Rocíe con 5 litros / cuarto de agua a 75 ° C (167 ° F) para alcanzar su volumen previo a la ebullición de no más de 25 litros / cuarto.

Agregue sus primeros lúpulos de mosto y luego hierva su mosto durante 60 minutos. Agregue su adición de lúpulo 15 minutos antes del final del hervor. Agregue su tableta de clarificación en este punto también.

Enfríe su cerveza a 75-79 ° C (167-174 ° F) y agregue su adición de lúpulo aromático y su flor de saúco fresca. Déjelos reposar durante 30 minutos a no más de 79 ° C (174 ° F).

Enfríe su mosto a 18 ° C (64 ° F) y vuelva a licuar con agua sanitaria para alcanzar la gravedad original deseada.

Transfiera su mosto a un fermentador limpio y sanitario. Airea tu mosto y echa la levadura preparada.

Fermente en el fermentador primario a 18-20 ° C (64-68 ° F) durante 2 semanas. Asegúrese de tener tres lecturas de gravedad idénticas durante 3 días.

Botella con 110 g / 37/8 oz de azúcar de mesa blanca para alcanzar entre 2,4 y 2,5 volúmenes de CO_2.

Avena extra pale ale

NÚMEROS DE OBJETIVO:
- Gravedad original 1.054-1.056
- Gravedad final 1.012-1.014
- ABV 5,6-6%
- Amargura 45 IBU
- Color10 EBC
- TAMAÑO DEL LOTE 20 l / qt
- EFICIENCIA ESTIMADA 70%

BILLETE DE GRANOS
- Malta pálida, Nutria Maris 80% - 4 kg / 9 lb

- Malta de trigo 8% - 400g / 14oz
- Avena enrollada 8% - 400g / 14oz
- Malta Crystal 4% - 200g / 7oz

LÚPULO

- Citra (14.1% AA) Hervir 20 minutos - 20 g / $\frac{3}{4}$oz
- Amarillo (10.7% AA) Hervir 15 minutos - 20 g / $\frac{3}{4}$oz
- Citra (14.1% AA) Hervir 10 minutos - 20 g / $\frac{3}{4}$oz
- Amarillo (10.7% AA) Hervir 5 minutos - 20 g / $\frac{3}{4}$oz
- Citra (14.1% AA) Aroma intenso - 40g / $1\frac{1}{2}$oz
- Amarillo (10.7% AA) Aroma intenso - 40g / $1\frac{1}{2}$oz
- Citra (14.1% AA) Lúpulo seco - 40g / $1\frac{1}{2}$oz

LEVADURA

- Levadura seca de cerveza británica, como WLP007 o Mangrove Jacks m07

INGREDIENTES ADICIONALES

- 1 tableta de musgo irlandés (como Protofloc o Whirlfloc)

Prepara tu levadura elegida. Limpia y prepara tu equipo de elaboración de cerveza.

Lleve 26 litros / cuarto de agua a 69,5 ° C (157 ° F).

Triturar. Mantenga una temperatura de maceración de 65 ° C (149 ° F) durante 60 minutos.

Triturar: eleve la temperatura del grano a 75 ° C (167 ° F).

Rocíe con 5 litros / cuarto de agua a 75 ° C (167 ° F) para alcanzar su volumen previo a la ebullición de no más de 25 litros / cuarto.

Hierve el mosto durante 60 minutos. Agregue su explosión de lúpulo a los 20, 15, 10 y 5 minutos antes del final del hervor. Agregue su tableta de clarificación a los 15 minutos.

Enfríe su cerveza a 75-79 ° C (167-174 ° F) y agregue su adición de lúpulo aromático.

Déjelo reposar durante 30 minutos a no más de 79 ° C (174 ° F).

Enfríe su mosto a 18 ° C (64 ° F) y vuelva a licuar con agua sanitaria para alcanzar la gravedad original deseada.

Transfiera su mosto a un fermentador limpio y sanitario. Airea tu mosto y echa la levadura preparada.

Fermente en el fermentador primario a 18-20 ° C (64-68 ° F) durante 2 semanas. Asegúrese de tener tres lecturas de gravedad idénticas durante 3 días antes del embotellado.

Transfiera a un fermentador secundario sanitario y lúpulo seco durante tres días a temperatura ambiente.

Envase con 120g / 4¼oz de azúcar de mesa blanca para alcanzar 2,5-2,7 volúmenes de CO_2.

■▤🐛 Gran centeno negro-PA

NÚMEROS DE OBJETIVO:
- Gravedad original 1.079-1.081
- Gravedad final 1.016–1.018
- ABV8-8,4%
- Amargura 70 IBU
- Color 70 EBC
- TAMAÑO DEL LOTE 20 l / qt
- EFICIENCIA ESTIMADA 70%

BILLETE DE GRANOS
- Malta pálida, nutria Maris 78,4% - 6 kg / 13 lb
- Malta de centeno 10,5% - 800 g / $1\frac{3}{4}$ lb

- Malta Crystal 3.9% - 300g / 10½oz
- Trigo tostado 3.9% - 300g / 10½oz
- Carafa Special III 3.9% - 300g / 10½oz

LÚPULO
- Columbus (CTZ, 14% AA) Primer lúpulo de mosto - 50 g / 1¾oz
- Citra (12% AA) Aroma intenso - 50g / 1¾oz
- Columbus (CTZ, 14% AA) Aroma intenso - 50g / 1¾oz
- Simcoe (13% AA) Aroma intenso - 50g / 1¾oz
- Amarillo (8.5% AA) Aroma intenso - 100g / 3½oz
- Simcoe (13% AA) Lúpulo seco - 50g / 1¾oz
- Citra (12% AA) Lúpulo seco - 50g / 1¾oz

LEVADURA

- Levadura seca de cerveza británica, como WLP007 o Mangrove Jacks m07

INGREDIENTES ADICIONALES

- 1 tableta de musgo irlandés (como Protofloc o Whirlfloc)

Prepare la levadura que elija; necesitará mucha. Limpia y prepara tu equipo de elaboración de cerveza.

Lleve 28 litros / cuarto de agua a 70 ° C (158 ° F).

Triturar. Mantenga una temperatura de maceración de 65 ° C (149 ° F) durante 60 minutos.

Triturar: eleve la temperatura del grano a 75 ° C (167 ° F).

Rocíe con 7 litros / cuarto de agua a 75 ° C (167 ° F) para alcanzar su volumen previo a la ebullición de no más de 26 litros / cuarto.

Agregue sus primeros lúpulos de mosto y hierva su mosto durante 60 minutos. Agregue su tableta clarificadora 15 minutos antes del final del hervor.

Enfríe su cerveza a 75–79 ° C (167–174 ° F) y agregue su considerable adición de lúpulo aromático. Déjelo reposar durante 30 minutos a no más de 79 ° C (174 ° F).

Enfríe su mosto a 18 ° C (64 ° F) y vuelva a licuar con agua sanitaria para alcanzar la gravedad original deseada.

Transfiera su mosto a un fermentador limpio y sanitario. Airea tu mosto y echa la levadura preparada.

Fermente en el fermentador primario a 18–20 ° C (64–68 ° F) durante 2 semanas. Asegúrese de tener tres lecturas de gravedad idénticas durante 3 días antes del embotellado.

Botella con 110 g / 37/8 oz de azúcar de mesa blanca para alcanzar entre 2,4 y 2,5 volúmenes de CO_2.

▦▦🕮 Citra burst triple IPA

NÚMEROS DE OBJETIVO:
- Gravedad original 1.098-1.102
- Gravedad final 1,008-1,012
- ABV12-12,5%
- Amargura 100 IBU
- Color10 EBC
- TAMAÑO DEL LOTE 20 l / qt
- EFICIENCIA ESTIMADA 65%

BILLETE DE GRANOS
- Malta Pilsner, German89.9% - 8kg / 17½lb
- Azúcar, blanco10.1% - 900g / 2lb

LÚPULO
- Citra (12% AA) Hervir 15 minutos - 75 g / 2¾oz
- Citra (12% AA) Hervir 10 minutos - 75 g / 2¾oz
- Citra (12% AA) Hervir 5 minutos - 75 g / 2¾oz

- Citra (12% AA) Aroma intenso - 175g / 6oz
- Citra (12% AA) Lúpulo seco - 200g / 7oz

LEVADURA

- Levadura de cerveza de la costa oeste, como la US-05, WLP001 o Wyeast 1056. Mucho

INGREDIENTES ADICIONALES

- 1 tableta de musgo irlandés (como Protofloc o Whirlfloc)

Prepara tu levadura elegida. Necesitarás mucho. Limpia y prepara tu equipo de elaboración de cerveza.

Lleve 29 litros / cuarto de agua a 69 ° C (156 ° F).

Triturar. Mantenga una temperatura de maceración de 64,5 ° C (148 ° F) durante 75-90 minutos.

Triturar: eleve la temperatura del grano a 75 ° C (167 ° F).

Rocíe con 8 litros / cuarto de agua a 75 ° C (167 ° F) para alcanzar su volumen previo a la ebullición de no más de 27 litros / cuarto.

Hierve el mosto durante 60 minutos. Agregue su explosión de lúpulo a los 15, 10 y 5 minutos antes del final del hervor. Agregue su tableta de clarificación a los 15 minutos.

Enfríe su cerveza a 75-79 ° C (167-174 ° F) y agregue su enorme adición de lúpulo aromático. Déjelos reposar durante 30 minutos a no más de 79 ° C (174 ° F).

Enfríe su mosto a 18 ° C (64 ° F) y vuelva a licuar con agua sanitaria para alcanzar la gravedad original deseada.

Transfiera su mosto a un fermentador limpio y sanitario. Airea tu mosto y echa la levadura preparada.

Fermente en el fermentador primario a 18-20 ° C (64-68 ° F) durante 2-3 semanas. Asegúrese de mantener la cerveza fría durante los primeros 3 días de actividad. Asegúrese de tener tres lecturas de gravedad idénticas durante 3 días.

Transferir al fermentador secundario y al lúpulo seco durante 3 días.

Botella con 110 g / 37/8 oz de azúcar de mesa blanca para alcanzar entre 2,4 y 2,5 volúmenes de CO_2.

NÚMEROS DE OBJETIVO:
- Gravedad original1.130–1.134
- Gravedad final 1.036-1.040
- ABV14–14,5%
- Amargura 100 IBU
- Color300 EBC
- TAMAÑO DEL LOTE 20 l / qt
- EFICIENCIA ESTIMADA 55%
- BILLETE DE GRANOS
- Malta pálida, nutria Maris 59,4% - 9,5 kg / 21 lb
- Malta de Múnich 15,6% - 2,5 kg / 5½ lb

- Malta cristal 5% - 800 g / 1¾lb
- Malta de Carahell (Cara-Pils) 4.6% - 800g / 1¾lb

- Malta de chocolate 3.1% - 500g / 1⅛lb
- Avena, enrollada3.1% - 500g / 1⅛lb
- Malta de chocolate pálido 3.1% - 500 g / 1⅛lb

- Malta de trigo y chocolate 3.1% - 500 g / 1⅛lb

- Cebada Tostada 2.5% - 400g / 14oz
- COLD STEEP, 24 HORAS:
- Carafa Special III 8,6% - 1,5 kg / 3¼lb

LÚPULO
- Chinook (12% AA) ¿Primer lúpulo de mosto? 100 g / 3½ oz

- Cascada (5,5% AA) Hervir 1 min - 80 g / 3 oz

LEVADURA

- Levadura de cerveza americana de la costa oeste, como la US-05,
- WLP001 o Wyeast 1056. Mucho, mucho.

INGREDIENTES ADICIONALES

- 1 tableta de musgo irlandés (como Protofloc o Whirlfloc)

El día antes de preparar la cerveza, vacíe su Carafa en un balde o olla y cúbrala con al menos 3 litros / cuarto de agua fría. Esto extrae oscuridad pero no amargura.

Prepare su levadura, necesitará mucha. Desea lanzar incluso más de lo que dice la calculadora de levadura, hasta en un 30%. Limpia y prepara tu equipo de elaboración de cerveza.

Lleve 35 litros / cuarto de agua a 72,5 ° C (162 ° F). Incluya en esto su grano de la noche a la mañana vertido a través de un colador o bolsa. Triturar. Mantenga una temperatura de maceración de 65 ° C (149 ° F) durante 60 minutos.

Triturar: eleve la temperatura del grano a 75 ° C (167 ° F). Revuelva mientras hace esto, para evitar quemaduras. Suspenda la bolsa sobre la olla y recircule a través del grano. (Haga esto para evitar quemaduras).

Rocíe con alrededor de 12 litros / cuarto de agua a 75 ° C (167 ° F) para alcanzar su volumen previo a la ebullición de no más de 24 litros / cuarto.

Agrega tus primeros lúpulos de mosto. Lleve su mosto a ebullición y luego hierva durante 60 minutos. Agregue su adición de lúpulo 1 minuto antes del final de su ebullición. Enfríe su mosto a 18 ° C (64 ° F). Vuelva a licuar con agua sanitaria para alcanzar la gravedad original deseada.

Transfiera su mosto a un fermentador limpio y sanitario. Airee su mosto y eche su iniciador de levadura preparado. Fermente en el fermentador primario a 18-20 ° C (64-68 ° F) durante los primeros 3 días. Desea que su temperatura esté muy controlada durante este tiempo para evitar la sobreproducción de alcoholes fusel. Luego, aumente su temperatura hacia la marca de 22-23 ° C (72-73 ° F), durante al menos 2 semanas. Una vez que tenga 3 días de lecturas de gravedad idénticas, probablemente esté listo.

Envase con 120g / 4¼oz de azúcar de mesa blanca para alcanzar 2,4-2,6 volúmenes de CO2. Envejezca en el frasco durante al menos 4 semanas a temperatura ambiente o más. Si envejeció su cerveza en el fermentador principal durante un período prolongado, es posible que desee agregar más levadura al embotellar.

🖥♨🐚 Desproporcionadamente saltado

NÚMEROS DE OBJETIVO:
- Gravedad original 1.042-1.044

- Gravedad final 1.010-1.012
- ABV4,1-4,4%
- Amargura 40 IBU
- Color 14 EBC
- TAMAÑO DEL LOTE 20 l / qt
- EFICIENCIA ESTIMADA 70%

BILLETE DE GRANOS
- Malta Pilsner, alemana 78% - 3,2 kg / 7 libras
- Avena, enrollada 5% - 200g / 7oz
- Malta cristal 5% - 200g / 7oz
- Malta de Munich 5% - 200g / 7oz
- Malta de centeno 7% - 300g / $10\frac{1}{2}$ oz

LÚPULO
- Centennial (10% AA) Hervir 75 minutos - 20 g / $\frac{3}{4}$oz

- Centennial (10% AA) Hervir 10 minutos - 20 g / $\frac{3}{4}$oz
- Amarillo (8.5% AA) Hervir 5 minutos - 20 g / $\frac{3}{4}$oz
- Amarillo (8.5% AA) Aroma Steep - 60g / $2\frac{1}{8}$oz
- Aroma intenso centenario (10% AA) - 100 g / $3\frac{1}{2}$ oz
- Mosaico (7% AA) Aroma intenso - 100 g / $3\frac{1}{2}$ oz
- Mosaic (7% AA) Dry hop - 100 g / $3\frac{1}{2}$ oz

LEVADURA
- Levadura de cerveza inglesa. Las opciones incluyen White labs WLP002, Wyeast 1968 o Safale S-04

INGREDIENTES ADICIONALES

- 1 tableta de musgo irlandés (como Protofloc o Whirlfloc)

Prepara tu levadura elegida. Limpia y prepara tu equipo de elaboración de cerveza.

Lleve 25 litros / cuarto de agua a 71 ° C (160 ° F).

Triturar. Mantenga una temperatura de maceración de 66,5 ° C (151 ° F) durante 60 minutos.

Triturar: eleve la temperatura del grano a 75 ° C (167 ° F).

Rocíe con 4 litros / cuarto de agua a 75 ° C (167 ° F) para alcanzar su volumen previo a la ebullición de no más de 25 litros / cuarto.

Agregue sus primeros lúpulos de mosto y luego hierva su mosto durante 75 minutos. Agregue su tableta clarificadora y enfriador a los 15 minutos. Agregue sus adiciones de lúpulo a los 10 y 5 minutos.

Enfríe su cerveza a 75-79 ° C (167-174 ° F) y agregue su adición de lúpulo aromático.

Déjelo reposar durante 30 minutos a no más de 79 ° C (174 ° F).

Enfríe su mosto a 18 ° C (64 ° F) y vuelva a licuar con agua sanitaria para alcanzar la gravedad original deseada.

Transfiera su mosto a un fermentador limpio y sanitario. Airea tu mosto y echa la levadura preparada.

Fermente en el fermentador primario a 18–20 ° C (64–68 ° F) durante 2 semanas. Asegúrese de tener tres lecturas de gravedad idénticas durante 3 días.

Transfiera a un fermentador secundario sanitario y lúpulo seco durante 3 días.

Envase con 120g / 4¼oz de azúcar de mesa blanca para alcanzar 2,5-2,7 volúmenes de CO_2.

CERVEZAS FUNKY

🖥️⏳🐗 Lambic

NÚMEROS DE OBJETIVO:
- Gravedad original 1.050-1.054
- Gravedad final1.000-1.004
- ABV 5,6-6,6%
- Amargura 0-5 IBU
- Color6 EBC
- TAMAÑO DEL LOTE 20 l / qt
- EFICIENCIA ESTIMADA 70%

BILLETE DE GRANOS
- Malta Pilsner, belga 50% - 2,5 kg / 5½ lb

- Trigo sin maltear 50% - 2,5 kg / 5½ lb

LÚPULO
- Lúpulo añejo (marrón, secado al sol)
  Primer lúpulo de mosto - 100 g / 3½ oz

LEVADURA
- Cualquier cepa de Saccharomyces belga o mezcla de lambic, con las heces de al menos tres botellas de su lambic favorita.

Prepare sus levaduras y heces elegidas. No necesita preocuparse por las tasas de lanzamiento, aquí. Limpia y prepara tu equipo de elaboración de cerveza.

Lleve 23 litros / cuarto de agua a 53 ° C (127 ° F). Este será el comienzo de su macerado por decocción.

Triturar. Mantenga una temperatura de maceración de 50 ° C (122 ° F) durante 30 minutos. Este es tu descanso proteico.

Coloque 4 litros / cuarto de la porción más gruesa de su puré en una cacerola grande. Lleve esto a ebullición, luego agréguelo nuevamente a su puré y revuelva para combinar. Mantenga la temperatura de su macerado a 60 ° C (140 ° F) durante 30 minutos.

Saque otros 4 litros / cuarto de la porción más espesa de su puré y hierva esto. Vuelva a agregarlo para mantener una temperatura de 70 ° C (158 ° F) durante 30 minutos.

Triturar: eleve la temperatura del grano a 75 ° C (167 ° F). Puede hacer esto por decocción si lo desea.

Rocíe con 4 litros / cuarto de agua a 75 ° C (167 ° F) para alcanzar su volumen previo a la ebullición de no más de 23 litros / cuarto.

Agregue sus primeros lúpulos de mosto y hierva su mosto durante 90 minutos.

Enfríe su mosto a 18 ° C (64 ° F). Mida su gravedad y licor originales con agua sanitaria para alcanzar su OG previsto.

Transfiera su mosto a un fermentador limpio y sanitario. Esto sigue siendo importante, ya que no queremos una infección por acetobacter. Airee su mosto y arroje su levadura y heces.

Fermenta en el fermentador primario a 18-20 ° C (64-68 ° F) durante 2 meses a 1 año, o hasta que tu cerveza huela súper funky y tenga un sabor agradable y ácido.

Opcionalmente, mezcle sus lambics al gusto, o transfiéralas a un fermentador secundario con 200-300g (97-10½ oz) de la fruta elegida por litro / cuarto de galón.

Botella según estilo. Yo optaría por una alta carbonatación para frutas o lambics mezclados: 140 g / 5 oz de azúcar de mesa blanca para alcanzar aproximadamente 3 volúmenes de CO_2.

Para un Lambic puro sin mezclar, es tradicional embotellar sin carbonatar

Berliner weisse

NÚMEROS DE OBJETIVO:

- Gravedad original 1.030-1.032
- Gravedad final 1,002-1,006, dependiendo de la levadura

- ABV3-3,5%
- Amargura 3 IBU
- Color5 EBC
- TAMAÑO DEL LOTE 20 l / qt
- EFICIENCIA ESTIMADA 70%

BILLETE DE GRANOS
- Malta Pilsner, belga 66,7% - 2 kg / $4\frac{1}{2}$ lb
- Trigo sin maltear 33,3% - 1 kg / $2\frac{1}{4}$lb

LÚPULO

- Saaz (4% AA) Agregado durante el macerado, eliminado con granos - 50 g / $1\frac{3}{4}$oz

LEVADURA

- Tu elección. Yo optaría por una mezcla de una cepa saison y una cepa Brett

Si está haciendo un puré agrio, decida cuánto grano le gustaría usar. Si lo usa todo, siga los pasos normales de macerado por decocción a continuación, pero deje de 1 a 3 días entre macerado y hervido, según el sabor.

Por cada 100 g / $3\frac{1}{2}$ oz de grano que use, agregue 200 g / 7 oz de agua a 75 ° C (167 ° F) en un balde de plástico (reservado para agrias). Agregue su grano y mezcle.

Deje que este puré se enfríe durante varias horas. Una vez que alcance los 45 ° C (113 ° F), agregue un puñado de grano. Mézclelo, cúbralo con film transparente y déjelo cultivar de 1 a 3 días. Quieres dejarlo en un lugar lo más cálido posible. Sí, huele a vómito. No se preocupe, eso desaparecerá al hervir.

Al probar el puré, existe un pequeño riesgo de que haya cultivado algunas bacterias malas que podrían enfermarlo gravemente. Hierva su muestra antes de probarla, solo para estar seguro.

El día de la infusión, prepare las levaduras que elija. Limpia y prepara tu equipo de elaboración de cerveza.

Lleve 15 litros / cuarto de agua a 53 ° C (127 ° F). Este será el comienzo de su macerado por decocción.

Triture con los granos restantes. Mantenga una temperatura de maceración de aproximadamente 50 ° C (122 ° F) durante 30 minutos. Este es tu descanso proteico.

Coloque 2 litros / cuarto de la porción más gruesa de su puré en una cacerola grande. Lleve esto a ebullición, luego agréguelo nuevamente a su puré y revuelva para combinar. Mantenga la temperatura de su macerado a unos 60 ° C (140 ° F) durante 30 minutos.

Saque otros 2 litros / cuarto de la porción más espesa de su puré y hierva esto. Vuelva a agregarlo para mantener una temperatura de aproximadamente 70 ° C (158 ° F) durante 30 minutos.

Triturar: eleve la temperatura del grano a 75 ° C (167 ° F). Puede hacer esto por decocción si lo desea.

Rocíe con 4 litros / cuarto de agua a 75 ° C (167 ° F).

Agregue su mosto agrio, si lo usa, y complete hasta no más de 22 litros / cuarto.

Agregue sus primeros lúpulos de mosto y hierva su mosto durante 90 minutos. Alternativamente, puede hervir sin lúpulo, enfriar y hervir su cerveza durante 1-3 días. Pasado este tiempo, vuelve a hervir como de costumbre.

Enfríe su mosto a 18 ° C (64 ° F). Mida su OG y licor con agua sanitaria para alcanzar la gravedad original deseada.

Transfiera su mosto a un fermentador limpio y sanitario. Airee su mosto y arroje sus levaduras y, opcionalmente, su puñado de grano.

Fermenta en el fermentador principal a 18–20 ° C (64–68 ° F) entre 2 semanas y 2 meses, dependiendo de la levadura que hayas usado. Si usó Brett, querrá que huela bastante afrutado y funky.

Botella con alta carbonatación: 140 g / 5 oz de azúcar de mesa blanca para alcanzar aproximadamente 3 volúmenes de CO_2

 **Casa de campo brett**

NÚMEROS DE OBJETIVO:
- Gravedad original 1.052-1.056
- Gravedad final 1,002-1,006
- ABV6-6,5%
- Amargura 28 IBU
- Color10 EBC

- TAMAÑO DEL LOTE 20 l / qt
- EFICIENCIA ESTIMADA 70%

BILLETE DE GRANOS
- Malta pálida, belga 70% - 3,5 kg / 7¾lb
- Malta de trigo, belga 30% - 1,5 kg / 3¼lb

LÚPULO
- Styrian Goldings (5,4% AA)
- Primer lúpulo de mosto - 30 g / 1 oz
- Styrian Goldings (5,4% AA)
- Hervir 15 minutos - 20 g / ¾oz

LEVADURA

- Al menos una levadura Saison y una cepa de Brettanomyces. La mezcla WLP670 American Farmhouse es buena y la mezcla The Yeast Bay saison / Brett es realmente excelente.

Prepara tus levaduras elegidas. Realmente no necesita preocuparse mucho por las tasas de lanzamiento aquí. Limpia y prepara tu equipo de elaboración de cerveza.

Lleve 23 litros / cuarto de agua a 69 ° C (156 ° F).

Triturar. Mantenga una temperatura de maceración de 64,5 ° C (148 ° F) durante 90 minutos.

Triturar: eleve la temperatura del grano a 75 ° C (167 ° F). Puede hacer esto mediante un método de decocción, si lo desea.

Rocíe con 4 litros / cuarto de agua a 75 ° C (167 ° F) para alcanzar su volumen previo a la ebullición de no más de 23 litros / cuarto.

Agregue sus primeros lúpulos de mosto y hierva su mosto durante 90 minutos.

Enfríe su mosto a 18 ° C (64 ° F). Mida su gravedad y licor originales con agua sanitaria para alcanzar su OG previsto.

Transfiera su mosto a un fermentador limpio y sanitario. Esto sigue siendo importante, ya que no queremos que esta cerveza se infecte con otros organismos. Airee su mosto y arroje su levadura y heces.

Fermenta en el fermentador primario a 18-20 ° C (64-68 ° F) durante al menos 1-2 meses, o hasta que la cerveza huela bien y afrutada, con un poco de funk. Debe tener una buena película (corteza de Brett) en la parte superior.

Botella con 140 g / 5 oz de azúcar de mesa blanca para alcanzar aproximadamente 3 volúmenes de CO_2. No uses botellas endebles

NÚMEROS DE OBJETIVO:

- Gravedad original 1.050-1.054
- Gravedad final 1.003-1.006
- ABV6-6,4%
- Amargura 30 IBU
- Color 18 EBC
- TAMAÑO DEL LOTE 20 l / qt
- EFICIENCIA ESTIMADA 70%

BILLETE DE GRANOS

- Malta pálida, belga 65,2% - 3 kg / $6\frac{1}{2}$ lb
- Malta de Múnich 17,4% - 800 g / $1\frac{3}{4}$ lb
- Malta Caramunich8.7% - 400g / 14oz

- Azúcar en polvo8.7% - 400g / 14oz

LÚPULO

- Hallertauer Mittelfrueh (4% AA)
- Primer lúpulo de mosto - 40 g / 1½ oz
- Styrian Goldings (5,4% AA)
- Hervir 15 minutos - 30 g / 1 oz
- Styrian Goldings (5,4% AA)
- Lúpulo seco - 30g / 1oz

LEVADURA
- Una levadura de abadía belga, idealmente levadura Orval (WLP510).
- Una cepa de Brettanomyces, idealmente cultivada en una botella Orval.

Prepara tus levaduras elegidas. Debes lanzar apropiadamente. Limpia y prepara tu equipo de elaboración de cerveza.

Lleve 23 litros / cuarto de agua a 70 ° C (158 ° F).

Triturar. Mantenga una temperatura de maceración de 65 ° C (149 ° F) durante 60 minutos.

Triturar: eleve la temperatura del grano a 75 ° C (167 ° F). Puede hacer esto usando un método de decocción, si lo desea.

Rocíe con 4 litros / cuarto de agua a 75 ° C (167 ° F) para alcanzar su volumen previo a la ebullición de no más de 24 litros / cuarto.

Agregue sus primeros lúpulos de mosto y hierva su mosto durante 90 minutos.

Enfríe su mosto a 18 ° C (64 ° F). Mida su gravedad y licor originales con agua sanitaria para alcanzar su OG previsto.

Transfiera su mosto a un fermentador limpio y sanitario. Airee su mosto y eche solo su levadura de abadía belga.

Fermente en el fermentador primario a 18-20 ° C (64-68 ° F) durante al menos 2 semanas.

Transfiera su cerveza al fermentador secundario, dejando atrás la levadura y la grasa. Agregue sus Brettanomyces y sus dry hops, y déjelo acondicionar durante 2 meses. Tu cerveza debe oler afrutada y compleja, y tener una buena película (corteza de Brett) en la parte superior.

Envase con 150g / 5¼oz de azúcar de mesa blanca para alcanzar más de 3 volúmenes de CO_2.

Podrías subir más alto si confías en tus botellas.

Funky sesión agria

NÚMEROS DE OBJETIVO:
- Gravedad original 1.034-1.036
- Gravedad final 1,002-1,004
- ABV4.2-4.4%
- Amargura 22 IBU
- Color4 EBC
- TAMAÑO DEL LOTE 20 l / qt
- EFICIENCIA ESTIMADA 70%

BILLETE DE GRANOS

- Malta pálida, nutria Maris 68,6% - 2,4 kg / 5¼lb

- Avena enrollada 31,4% - 800 g / 1¾lb

LÚPULO

- East Kent Goldings (5,5% AA)
- Primer lúpulo de mosto - 30 g / 1 oz
- East Kent Goldings (5,5% AA)
- Hervir 15 minutos - 25 g / 7/8 oz

LEVADURA

- Una mezcla de Brett-saison, más restos de tus cervezas Bretty y sour favoritas.

Prepare sus levaduras y heces elegidas. No necesita preocuparse por las tasas de lanzamiento aquí. Limpia y prepara tu equipo de elaboración de cerveza.

Lleve 23 litros / cuarto de agua a 69 ° C (156 ° F).

Triturar. Mantenga una temperatura de maceración de 64,5 ° C (148 ° F) durante 90 minutos.

Triturar: eleve la temperatura del grano a 75 ° C (167 ° F). Puede hacer esto mediante un método de decocción, si lo desea.

Rocíe con 4 litros / cuarto de agua a 75 ° C (167 ° F) para alcanzar su volumen previo a la ebullición de no más de 23 litros / cuarto.

Agregue sus primeros lúpulos de mosto y hierva su mosto durante 90 minutos.

Enfríe su mosto a 18 ° C (64 ° F). Mida su gravedad y licor originales con agua sanitaria para alcanzar su OG previsto.

Transfiera su mosto a un fermentador limpio y sanitario. Esto sigue siendo importante, ya que no queremos que esta cerveza se infecte con acetobacter. Airee su mosto y arroje su levadura y heces.

Fermenta en el fermentador primario a 18-20 ° C (64-68 ° F) durante al menos 2-3 meses, o hasta que la cerveza huela bien y tenga un sabor muy amargo. Debe tener una buena película (corteza de Brett) en la parte superior.

Botella con 140 g / 5 oz de azúcar de mesa blanca para alcanzar aproximadamente 3 volúmenes de CO_2. No use botellas endebles.

NÚMEROS DE OBJETIVO:
- Gravedad original 1.048-1.050
- Gravedad final 1.010-1.012
- ABV 4,8-5%
- Amargura 37 IBU
- Color6 EBC
- TAMAÑO DEL LOTE 20 l / qt
- EFICIENCIA ESTIMADA 70%

BILLETE DE GRANOS
- Malta pálida, nutria Maris 100% - 4,4 kg / 9¾lb

LÚPULO

- Tettnang (3,2% AA) Primer lúpulo de mosto - 60 g / 2⅛oz

- Tettnang (3.2% AA) Hervir 15 minutos - 40 g / 1½ oz

- Hallertauer Mittelfrueh (4% AA)
- Aroma fuerte - 100g / 3½oz

LEVADURA

- Levadura Lager alemana, como WLP830 o Wyeast 2124
- Alternativamente: Mangrove Jacks Bohemian Lager

INGREDIENTES ADICIONALES

- 1 tableta de musgo irlandés (como Protofloc o Whirlfloc)
- 1 hoja de gelatina en hojas (opcional)

Siga el método Lager.

NÚMEROS DE OBJETIVO:
- Gravedad original 1.046-1.048
- Gravedad final 1.011-1.013
- ABV4.5-4.7%
- Amargura 23 IBU
- Color6 EBC
- TAMAÑO DEL LOTE 20 l / qt
- EFICIENCIA ESTIMADA 70%

BILLETE DE GRANOS

- Malta Pilsner, alemana 100% - 4,3 kg / $9\frac{1}{2}$ lb

LÚPULO

- Hallertauer Mittelfrueh (4% AA)
- Primer lúpulo de mosto - 40 g / 1½ oz
- Hallertauer Mittelfrueh (4% AA)
- Aroma fuerte - 60g / 2⅛oz

LEVADURA

- Levadura Lager alemana, como WLP830 o Wyeast 2124
- Alternativas: Mangrove Jacks Bohemian Lager

INGREDIENTES ADICIONALES

- 1 tableta de musgo irlandés (como Protofloc o Whirlfloc)
- 1 hoja de gelatina en hojas (opcional)

Siga el método Lager.

NÚMEROS DE OBJETIVO:

- Gravedad original 1.048-1.050
- Gravedad final 1.011-1.014
- ABV 4,9-5,1%
- Amargura 30 IBU
- Color 40 EBC
- TAMAÑO DEL LOTE 20 l / qt
- EFICIENCIA ESTIMADA 70%

BILLETE DE GRANOS

- Malta Pilsner, alemana 47,8% - 2,2 kg / 47 / 8lb
- Malta de Múnich 47,8% - 2,2 kg / 47 / 8lb
- Carafa Special III 4.3% - 200g / 7oz

LÚPULO

- Tettnang (4.5% AA) Primer lúpulo de mosto - 30 g / 1 oz

- Hallertauer Hersbrucker (4% AA)

- Hervir 15 minutos - 50 g / 1¾oz

LEVADURA

- Levadura Lager alemana, como WLP830 o Wyeast 2124
  Alternativamente: Mangrove Jacks Bohemian Lager

INGREDIENTES ADICIONALES

- 1 tableta de musgo irlandés (como Protofloc o Whirlfloc)
- 1 hoja de gelatina en hojas (opcional)

Siga el método Lager.

SIDRA

HACE 1 GALÓN

- 1 galón de jugo de manzana, preferiblemente sin pasteurizar
- 1 tableta Campden
- 1 cucharadita de nutrientes de levadura
- 1 cucharadita de mezcla de ácido
- $\frac{1}{2}$ cucharadita de enzima péctica $\frac{1}{4}$ de cucharadita de tanino

- $1\frac{1}{2}$ cucharadas ($\frac{1}{2}$ tubo) de levadura de sidra líquida
- 3 cucharadas / 1 onza de azúcar de maíz disueltas en $\frac{1}{2}$ taza de agua hirviendo y enfriadas, para embotellar
- 1 taza / 1 onza de Splenda u otro azúcar no fermentable (opcional)

1 Desinfecte un balde de 2 galones, su tapa, la esclusa de aire y una cuchara para revolver.

2 Vierta el jugo de manzana en el balde de fermentación de 2 galones. Tome una lectura del hidrómetro para determinar la gravedad original (consulte el Manual de Brewer). Triture la tableta Campden y revuélvala con el jugo. Coloque la tapa y coloque la esclusa de aire. Espere 24 horas para que Campden esterilice el jugo. (Si usa jugo pasteurizado, puede omitir este paso).

3 Después de esterilizar el jugo, prepare el iniciador de levadura. Desinfecte una taza medidora, un frasco de conservas de 1 cuarto y una cuchara para revolver. Saque 1 taza de jugo y viértalo en el frasco de conservas. Vierta la levadura por encima y cubra el frasco con un trozo de envoltura de plástico asegurado con una banda de goma. Agite bien el frasco y déjelo reposar de 1 a 3 horas. Se volverá espumoso y verá pequeñas burbujas estallar en la superficie del líquido. Una vez que vea alguna señal de actividad, se puede usar el iniciador.

4 Vierta el iniciador en el jugo junto con el nutriente de levadura, la mezcla de ácido, la enzima péctica y el tanino. Remover vigorosamente para distribuir la levadura y airear el jugo. Vuelva a colocar la tapa y vuelva a colocar la esclusa de aire. Debería ver la fermentación activa como lo demuestran las burbujas en la esclusa de aire dentro de las 48 horas.

5 Deje que la sidra fermente sin ser molestada durante al menos 3 días o hasta 7 días, hasta que la fermentación haya disminuido y el sedimento creado durante la preparación haya tenido la oportunidad de asentarse. En este punto, la sidra está lista para ser transferida del sedimento a una jarra más pequeña de 1 galón para la fermentación secundaria más larga.

6 Desinfecte una jarra de 1 galón, su tapón, el bastón de trasiego, su punta, la manguera del sifón y la abrazadera de la manguera. Sifone toda la sidra en la jarra. Incline el balde hacia el final para extraer todo el líquido. Deténgase cuando vea que el líquido de la manguera se vuelve turbio con sedimentos. Selle la jarra con su tapón e inserte la esclusa de aire. Déjelo reposar en un lugar fresco y oscuro durante otras 2 semanas.

7 Para embotellar la sidra, desinfecte una olla, un hidrómetro, diez botellas de cerveza de 12 onzas o seis botellas de cerveza de 22 onzas, sus tapas, la manguera del sifón, el bastón de trasiego, su punta, una taza medidora y el llenador de la botella. Sifone $\frac{1}{2}$ taza de sidra al hidrómetro y úselo para determinar la gravedad final. Bebe la sidra o viértela de nuevo en la jarra una vez utilizada.

8 Vierta la solución de azúcar de maíz en la olla. Sifone la sidra en la olla para mezclarla con la solución de azúcar de maíz, salpicando lo menos posible. Saca un poco de sidra con la taza medidora y pruébalo. Agregue Splenda (u otro endulzante posterior) si desea una sidra más dulce. Sifone la sidra en botellas, tape y etiquete.

9 Deje que las botellas se asienten a temperatura ambiente fuera de la luz solar directa durante al menos 1 mes o almacénelas hasta por 1 año. Refrigere antes de servir.

Sidra Molida Con Especias Dulces

HACE 1 GALÓN

- 1 galón de jugo de manzana, preferiblemente sin pasteurizar
- 1⅓ tazas / 1 libra de miel
- 1 vaina de vainilla
- 3 ramas de canela
- 2 clavos
- 2 anís estrellado
- Ralladura de 1 naranja
- 2 tabletas Campden

- 1½ cucharadas (½ tubo) de levadura líquida de hidromiel dulce
- 1 cucharadita de nutrientes de levadura
- ½ cucharadita de enzima péctica

- 1 cucharadita de mezcla de ácido
- ⅛ cucharadita de tanino

1 Desinfecte un balde de 2 galones, su tapa, la esclusa de aire y una cuchara para revolver.

2 Vierta el jugo de manzana en el balde de fermentación de 2 galones. Caliente la miel en ráfagas de 30 segundos en el microondas hasta que esté suelta y líquida. Agregue un poco de jugo a la miel hasta que la miel se disuelva y se pueda verter, y luego agregue toda la miel al jugo. Continúe revolviendo hasta que la miel se disuelva por completo. Divida la vaina de vainilla a lo largo y raspe las semillas. Agregue las semillas y el frijol al jugo, junto con las ramas de canela, el clavo, el anís estrellado y la ralladura de naranja. Tome una lectura del hidrómetro para determinar la gravedad original (consulte el Manual de Brewer).

3 Triture 1 tableta de Campden y revuélvala con el jugo. Coloque la tapa y coloque la esclusa de aire. Espere 24 horas para que Campden esterilice el jugo. (Si usa jugo pasteurizado, puede omitir este paso de esterilización).

4 Después de esterilizar el jugo, prepare el iniciador de levadura. Desinfecte una taza medidora, un frasco de conservas de 1 cuarto y una cuchara para revolver. Saque 1 taza de jugo y viértalo en el frasco. Vierta la levadura en el frasco y cúbralo con un trozo de envoltura de plástico asegurado con una goma elástica. Agite bien el frasco y déjelo reposar de 1 a 3 horas. Debería volverse espumoso y verá pequeñas burbujas estallar en

la superficie del líquido. Una vez que vea algún signo de actividad, se puede usar el iniciador.

5 Vierta el iniciador en el jugo junto con el nutriente de levadura, la enzima péctica, la mezcla de ácido y el tanino. Remover vigorosamente para distribuir la levadura y airear el jugo. Vuelve a cerrar la tapa

y vuelva a colocar la esclusa de aire. Debería ver la fermentación activa como lo demuestran las burbujas en la esclusa de aire dentro de las 48 horas.

6 Deje que la sidra fermente durante al menos 3 días o hasta 7 días, hasta que la fermentación haya disminuido y el sedimento creado durante la elaboración de la cerveza haya tenido la oportunidad de asentarse. En este punto, la sidra está lista para ser transferida del sedimento a una jarra más pequeña de 1 galón para la fermentación secundaria más larga.

7 Desinfecte una jarra de 1 galón, su tapón, el bastón de trasiego, su punta, la manguera del sifón y la abrazadera de la manguera. Sifone toda la sidra en la jarra, dejando atrás las especias. Incline el balde hacia el final para extraer todo el líquido. Deténgase cuando vea que el líquido de la manguera del sifón se vuelve turbio con sedimentos. Selle la jarra con su tapón e inserte la esclusa de aire. Déjelo reposar en un lugar fresco y oscuro durante al menos 2 semanas.

8 Puede continuar envejeciendo la sidra hasta por 6 meses. Durante este tiempo, es bueno extraer la sidra de vez en cuando del sedimento que se acumula en el fondo de la jarra: sifone la sidra en una olla esterilizada, limpie y desinfecte la jarra y extraiga la sidra nuevamente dentro de la jarra. Esto también brinda una buena oportunidad para probar la sidra y ver

cómo va. Si tiene un sabor un poco dulce, puede agregar una mezcla de ácido adicional para darle un poco de acidez y / o un poco de tanino para darle sequedad y astringencia. Comience con un poco de estos ingredientes, pruebe después de una semana o dos y continúe ajustando según sea necesario. La sidra se puede embotellar siempre que le sepa bien.

9 Cuando esté listo para embotellar, extraiga la sidra en una olla desinfectada, triture la segunda tableta Campden y revuélvala con la sidra. Limpia y desinfecta la jarra y sifón de nuevo en la jarra. Espere al menos 24 horas antes de embotellar.

10 Para embotellar la sidra, desinfecte un hidrómetro, diez botellas de 12 onzas o seis botellas de 22 onzas (o cinco botellas de vino de 750 mililitros), sus tapas (o corchos), la manguera del sifón, el bastón de trasiego, su punta y el llenador de la botella. Sifone ½ taza de sidra al hidrómetro y úselo para determinar la gravedad Hnal. Bebe la sidra o viértela nuevamente en la jarra una vez usada. Sifone la sidra en las botellas, la tapa (o el corcho) y la etiqueta.

11 Guarde los frascos en un lugar fresco y oscuro durante 1 mes o hasta 1 año. Sirve a temperatura ambiente.

Sidra de pera

HACE 1 GALÓN

- 12 tazas de jugo de pera, preferiblemente sin pasteurizar
- 4 tazas de jugo de manzana, preferiblemente sin pasteurizar
- 1 tableta Campden
- 1 cucharadita de nutrientes de levadura
- 1 cucharadita de mezcla de ácido
- $\frac{1}{2}$ cucharadita de enzima péctica $\frac{1}{4}$ de cucharadita de tanino
- 2 cucharaditas (1 paquete) de levadura de vino blanco seca

- 3 cucharadas / 1 onza de azúcar de maíz disueltas en $\frac{1}{2}$ taza de agua hirviendo y enfriadas, para embotellar
- 1 taza / 1 onza de Splenda u otro azúcar no fermentable (opcional; ver Endulzante)

1 Desinfecte un balde de 2 galones, su tapa, la esclusa de aire y una cuchara para revolver.

2 Combine el jugo de pera y el jugo de manzana en el balde de fermentación de 2 galones. Tome una lectura del hidrómetro para determinar la gravedad original (consulte el Manual de Brewer). Triture la tableta Campden y revuélvala con el jugo. Coloque la tapa y coloque la esclusa de aire. Espere 24 horas para que Campden esterilice el jugo. (Si está usando jugo pasteurizado, puede omitir este paso de esterilización).

3 Después de esterilizar el jugo, prepare el iniciador de levadura. Desinfecte una taza medidora, un frasco de conservas de 1 cuarto y una cuchara para revolver. Saque 1 taza de jugo y viértalo en el frasco. Espolvoree la levadura por encima y cubra el frasco con un trozo de envoltura de plástico asegurado con una banda de goma. Agite bien el frasco y déjelo reposar de 1 a 3 horas. Debería volverse espumoso y verá pequeñas burbujas estallar en la superficie del líquido. Una vez que vea algún signo de actividad, se puede usar el iniciador.

4 Vierta el iniciador en el jugo junto con el nutriente de levadura, la mezcla de ácido, la enzima péctica y el tanino. Remover vigorosamente para distribuir la levadura y airear el jugo. Vuelva a colocar la tapa y vuelva a colocar la esclusa de aire. Debería ver la fermentación activa como lo demuestran las burbujas en la esclusa de aire dentro de las 48 horas.

5 Deje que la sidra fermente sin ser molestada durante al menos 3 días o hasta 7 días, hasta que la fermentación haya disminuido y el sedimento creado durante la preparación haya tenido la oportunidad de asentarse. En este punto, la sidra está lista para ser transferida al sedimento y a una jarra más pequeña de 1 galón para la fermentación secundaria más larga.

6 Desinfecte una jarra de 1 galón, su tapón, el bastón de trasiego, su punta, la manguera del sifón y la abrazadera de la manguera. Sifone toda la sidra en la jarra. Incline el balde hacia el final para extraer todo el líquido. Deténgase cuando vea que el líquido de la manguera se vuelve turbio con sedimentos. Selle la jarra con su tapón e inserte la esclusa de aire. Déjelo reposar en un lugar fresco y oscuro durante 2 semanas.

7 Para embotellar la sidra, desinfecte una olla, un hidrómetro, diez botellas de cerveza de 12 onzas o seis botellas de cerveza de 22 onzas, sus tapas, la manguera del sifón, el bastón de trasiego, su punta, una taza medidora y la embotelladora. Sifón $\frac{1}{2}$ taza de sidra al hidrómetro y úsala a la gravedad determinante. Bebe la sidra o viértela nuevamente en la jarra una vez usada.

8 Vierta la solución de azúcar de maíz en la olla. Sifone la sidra en la olla para mezclarla con la solución de azúcar de maíz, salpicando lo menos posible. Saca un poco de sidra con la taza medidora y pruébalo. Agregue Splenda (u otro endulzante posterior) si desea una sidra más dulce. Sifone la sidra en botellas, tape y etiquete.

9 Deje que las botellas se asienten a temperatura ambiente fuera de la luz solar directa durante al menos 1 mes o almacénelas hasta por 1 año. Refrigere antes de servir.

Rendimiento: 3 galones estadounidenses

Ingredientes:
- 3 gal. (11,4 L) de jugo de manzana dulce y fresco (bajo en ácido, bajo en taninos)
- 1,5 cucharaditas (7-8 ml) de nutrientes de levadura
- 1 paquete de levadura American Ale
- 3 tiras de tocino, cocido en una rejilla en un horno a 325 ° F (165 ° C) durante 40 minutos
- 4 onzas. Borbón

Especificaciones:
- Gravedad original: 1.049 (varía según el contenido de jugo)
- Gravedad final: 1

- ABV: est. 6,5%

Direcciones:
Limpia tu recipiente de fermentación con un detergente sin jabón. Enjuague bien (¡cualquier rastro de residuo terminará en su sidra!) Y séquelo al aire. Desinfecte su recipiente de fermentación y 2 hojas de aluminio según las instrucciones del desinfectante. Hierva 1 pinta (473 ml) de agua y déjela enfriar a 105 ° F (41 ° C). Mezcle una pizca de nutrientes de levadura y espolvoree la levadura sobre el agua. Cubra con papel de aluminio desinfectado y deje reposar durante 15 minutos. Caliente el jugo de manzana a 60 ° F (16 ° C). Agregue el jugo al fermentador y mezcle la levadura espumosa. Cubra con papel de aluminio más desinfectado y colóquelo en un lugar oscuro y fresco, preferiblemente alrededor de 60 ° F (16 ° C). Después de 2 a 4 semanas, la levadura debe terminar de fermentar y se habrá aclarado con toda la levadura y las proteínas asentadas en el fondo del fermentador. Controle la fermentación periódicamente. Aproximadamente 5 días antes de que finalice la fermentación, cree la mezcla de tocino y bourbon. Desmenuza el tocino, mézclalo con el bourbon en un frasco de vidrio sellado y guárdalo durante 4 días en la nevera. En el cuarto día, retire el tocino y coloque el bourbon en el congelador. Al día siguiente, la grasa del tocino debería haberse solidificado en la parte superior. Retire la grasa y guarde el bourbon. Una vez que cesa la fermentación, coloque en un recipiente secundario y agregue el bourbon. Desinfecte botellas, tapas y tubos de transferencia. Envase quieto (sin carbonatación) para que el sabor del tocino se eleve naturalmente. Para embotellar, extraiga la sidra del fermentador, teniendo cuidado de evitar la suciedad en el fondo y en cada una de sus botellas de plástico. Llenar completamente. Detenga el flujo de sidra pellizcando el tubo antes de mover la manguera a la siguiente botella. Enrosque las tapas y enfríe la sidra en su refrigerador y beba cuando esté fría. Sirva a

alrededor de 50 ° F (10 ° C). mezcle con el bourbon en un frasco de vidrio sellado y guárdelo durante 4 días en el refrigerador. En el cuarto día, retire el tocino y coloque el bourbon en el congelador. Al día siguiente, la grasa del tocino debería haberse solidificado en la parte superior. Retire la grasa y guarde el bourbon. Una vez que cesa la fermentación, coloque en un recipiente secundario y agregue el bourbon. Desinfecte botellas, tapas y tubos de transferencia. Envase quieto (sin carbonatación) para que el sabor del tocino se eleve naturalmente. Para embotellar, extraiga la sidra del fermentador, teniendo cuidado de evitar la suciedad en el fondo y en cada una de sus botellas de plástico. Llenar completamente. Detenga el flujo de sidra pellizcando el tubo antes de mover la manguera a la siguiente botella. Enrosque las tapas y enfríe la sidra en su refrigerador y beba cuando esté fría. Sirva a alrededor de 50 ° F (10 ° C). mezcle con el bourbon en un frasco de vidrio sellado y guárdelo durante 4 días en el refrigerador. En el cuarto día, retire el tocino y coloque el bourbon en el congelador. Al día siguiente, la grasa del tocino debería haberse solidificado en la parte superior. Retire la grasa y guarde el bourbon. Una vez que cesa la fermentación, coloque en un recipiente secundario y agregue el bourbon. Desinfecte botellas, tapas y tubos de transferencia. Envase quieto (sin carbonatación) para que el sabor del tocino se eleve naturalmente. Para embotellar, extraiga la sidra del fermentador, teniendo cuidado de evitar la suciedad en el fondo y en cada una de sus botellas de plástico. Llenar completamente. Detenga el flujo de sidra pellizcando el tubo antes de mover la manguera a la siguiente botella. Enrosque las tapas y enfríe la sidra en su refrigerador y beba cuando esté fría. Sirva a alrededor de 50 ° F (10 ° C). retire el tocino y coloque el bourbon en el congelador. Al día siguiente, la grasa del tocino debería haberse solidificado en la parte superior. Retire la grasa y guarde el bourbon. Una vez que cesa la fermentación, coloque en un recipiente secundario y agregue el bourbon. Desinfecte botellas, tapas y tubos de transferencia. Envase quieto (sin carbonatación) para que el sabor del tocino se eleve naturalmente. Para embotellar, extraiga la sidra del fermentador, teniendo cuidado de evitar la suciedad en el fondo y en cada una de sus botellas de plástico. Llenar completamente. Detenga el flujo de sidra pellizcando el tubo antes de mover la manguera a la siguiente botella. Enrosque las tapas y enfríe la sidra en su refrigerador y beba cuando esté fría. Sirva a alrededor de 50 ° F (10 ° C). retire el tocino y coloque el bourbon en el congelador. Al día siguiente, la grasa del tocino debería haberse solidificado en la parte superior. Retire la grasa y guarde el bourbon. Una vez que cesa la fermentación, coloque en un recipiente secundario y agregue el bourbon. Desinfecte botellas, tapas y tubos de transferencia. Envase quieto (sin carbonatación) para que el sabor del tocino se eleve naturalmente. Para embotellar, extraiga la sidra del fermentador, teniendo cuidado de evitar la suciedad en el fondo y en cada una de sus botellas de plástico. Llenar completamente. Detenga el flujo de sidra pellizcando el tubo antes de mover la manguera a la siguiente botella. Enrosque las tapas y enfríe la sidra en su refrigerador y beba cuando esté fría. Sirva a alrededor de 50 ° F (10 ° C). Una vez que cesa la fermentación, coloque en un recipiente secundario y agregue el bourbon. Desinfecte botellas, tapas y tubos de transferencia. Envase quieto (sin carbonatación) para que el sabor del tocino se eleve naturalmente. Para embotellar, extraiga la sidra del fermentador, teniendo cuidado de evitar la suciedad en el fondo y en cada una de sus botellas de plástico. Llenar completamente. Detenga el flujo de sidra pellizcando el tubo antes de mover la manguera a la siguiente botella. Enrosque las tapas y enfríe la sidra en su refrigerador y beba cuando esté fría. Sirva a alrededor de 50 ° F (10 ° C). Una vez que cesa la fermentación, coloque en un recipiente secundario y agregue el bourbon.

Desinfecte botellas, tapas y tubos de transferencia. Envase quieto (sin carbonatación) para que el sabor del tocino se eleve naturalmente. Para embotellar, extraiga la sidra del fermentador, teniendo cuidado de evitar la suciedad en el fondo y en cada una de sus botellas de plástico. Llenar completamente. Detenga el flujo de sidra pellizcando el tubo antes de mover la manguera a la siguiente botella. Enrosque las tapas y enfríe la sidra en su refrigerador y beba cuando esté fría. Sirva a alrededor de 50 ° F (10 ° C). Llenar completamente. Detenga el flujo de sidra pellizcando el tubo antes de mover la manguera a la siguiente botella. Enrosque las tapas y enfríe la sidra en su refrigerador y beba cuando esté fría. Sirva a alrededor de 50 ° F (10 ° C). Llenar completamente. Detenga el flujo de sidra pellizcando el tubo antes de mover la manguera a la siguiente botella. Enrosque las tapas y enfríe la sidra en su refrigerador y beba cuando esté fría. Sirva a alrededor de 50 ° F (10 ° C).

HACE 1 GALÓN

- 13½ tazas de agua

- 1 taza / 7 onzas de azúcar blanca granulada
- 2 cucharaditas (1 paquete) de levadura de champán seca
- 1 cucharadita de nutrientes de levadura
- 3 tazas de jugo de limón recién exprimido (de 18 a 24 limones)

- 3 cucharadas / 1 onza de azúcar de maíz, para embotellar
- 1 taza / 1 onza de Splenda u otro azúcar no fermentable

DÍA 1 MAÑANA

1 En la mañana del día de descanso, desinfecte un frasco de conservas de 2 cuartos y una cuchara.

2 Deje hervir el agua. Retire del fuego, agregue el azúcar para que se disuelva y deje enfriar a temperatura ambiente. Vierta la mezcla de agua con azúcar en el frasco de conservas, espolvoree la levadura por encima y cubra el frasco con un trozo de envoltura de plástico asegurado con una goma elástica. Agite bien el frasco y déjelo reposar durante 12 horas. Por la noche, el líquido debe ser muy espumoso y burbujeante.

DÍA 1 NOCHE

3 En la tarde del día de descanso, hierva el agua. Retire del fuego y agregue el azúcar y el nutriente de levadura para que se disuelva. Déjelo enfriar a temperatura ambiente.

4 Vierta la mezcla de agua y azúcar y jugo de limón en la mezcla de levadura. Revuelva vigorosamente con una cuchara desinfectada y cubra con un trozo de envoltura de plástico asegurada con una goma elástica.

DÍA 2 MAÑANA

5 En la mañana del segundo día, desinfecte una jarra de 1 galón, un tapón, una esclusa de aire, un embudo y una taza medidora.

6 Deje hervir el agua. Retire del fuego y agregue el azúcar para que se disuelva. Déjelo enfriar a temperatura ambiente.

7 Vierta la mezcla de agua y azúcar, jugo de limón y la mezcla del Día 1 (agua con azúcar, jugo de limón y la levadura) en la jarra de 1 galón. Tape la boca de la jarra y agite vigorosamente. Inserte el tapón y la esclusa de aire. Guarde la jarra a temperatura ambiente lejos de la luz solar directa.

DÍA 2 NOCHE

8 En la tarde del segundo día, hierva el agua. Retire del fuego y agregue el azúcar para que se disuelva. Déjelo enfriar a temperatura ambiente.

9 Vierta esta agua azucarada y jugo de limón en la jarra. Tape la boca del frasco y agite vigorosamente. Inserte el tapón y la esclusa de aire. Guarde la jarra a temperatura ambiente lejos de la luz solar directa.

DÍA 3 MAÑANA

10 En la mañana del tercer día, hierva el agua. Retire del fuego y agregue el azúcar para que se disuelva. Déjelo enfriar a temperatura ambiente.

11 Vierta esta agua azucarada y jugo de limón en la jarra. Tape la boca del frasco y agite vigorosamente. Inserte el tapón y la esclusa de aire. Guarde la jarra a temperatura ambiente lejos de la luz solar directa.

DÍA 3 NOCHE

12 Al atardecer del tercer día, hierva el agua. Retire del fuego y agregue el azúcar para que se disuelva. Déjelo enfriar a temperatura ambiente.

13 Vierta esta agua azucarada y jugo de limón en la jarra. Tape la boca del frasco y agite vigorosamente. Inserte el tapón y la esclusa de aire. Guarde la jarra a temperatura ambiente lejos de la luz solar directa.

DÍA 4 MAÑANA

14 En la mañana del cuarto día, hierva el agua. Retire del fuego y agregue el azúcar para que se disuelva. Déjelo enfriar a temperatura ambiente.

15 Vierta esta agua azucarada y jugo de limón en la jarra. Tape la boca del frasco y agite vigorosamente. Inserte el tapón y la esclusa de aire. Guarde la jarra a temperatura ambiente lejos de la luz solar directa.

16 En este punto, se han agregado todos los ingredientes para la limonada dura. Tome una lectura del hidrómetro para determinar la gravedad original (consulte el Manual de Brewer). Dado que la fermentación ya ha comenzado, esta lectura será aproximada. Deje que la limonada continúe fermentando sin ser molestada durante otra semana.

DÍA 11

17 Para embotellar la limonada, desinfecte una olla, un hidrómetro, diez botellas de cerveza de 12 onzas o seis botellas de cerveza de 22 onzas, sus tapas, la manguera del sifón, el bastón de trasiego, su punta, una taza medidora y el llenador de la botella. Sifone $\frac{1}{2}$ taza de limonada en el hidrómetro y úselo

para determinar la gravedad Hnal. Bebe la limonada o viértela nuevamente en la jarra una vez usada. 18 • Ponga a hervir el agua. Agregue el azúcar de maíz y Splenda y revuelva para disolver. Deje enfriar a temperatura ambiente y luego viértalo en la olla. Sifone la limonada en la olla para mezclarla con la solución de azúcar de maíz, salpicando lo menos posible. Saca un poco de limonada con la taza medidora y pruébala. Agregue más Splenda (u otro endulzante para la espalda) si desea una limonada más dulce. Sifone la limonada en botellas, tape y etiquete.

19 Deje que las botellas se asienten a temperatura ambiente fuera de la luz solar directa durante al menos 1 mes o guárdelas hasta por 1 año. Refrigere antes de servir.

HACE 1 GALÓN

- 2½ libras de raíz de jengibre
- 1 galón de agua
- 1½ tazas empaquetadas / 12 onzas de azúcar morena
- ¼ taza / 1 onza de maltodextrina (opcional)

- 1 taza de jugo de lima recién exprimido (de aproximadamente 8 limas)
- ½ cucharadita de granos de pimienta 1 tableta Campden
- 1½ cucharadas (½ tubo) de levadura de cerveza de California líquida 1 cucharadita de nutrientes de levadura
- 3 cucharadas / 1 onza de azúcar de maíz disueltas en ½ taza de agua hirviendo y enfriadas, para embotellar

- 1 taza / 1 onza de Splenda u otro azúcar no fermentable (opcional)

1 Desinfecte un balde de 2 galones, su tapa, la esclusa de aire y una cuchara para revolver.

2 Frote la raíz de jengibre hasta que quede limpia. Recorta las imperfecciones o las zonas ásperas, pero deja la piel. Pica el jengibre en trozos grandes y combínalo en el bol de un robot de cocina con 1 taza de agua. Mezcle las legumbres hasta que la raíz de jengibre se reduzca a una pulpa.

3 Hierva las 15 tazas de agua restantes. Retire la olla del fuego, agregue el azúcar morena y la maltodextrina y revuelva para disolver. Agregue el jugo de limón, los granos de pimienta y la pulpa de raíz de jengibre. Deja la olla a un lado hasta que el agua se haya enfriado por completo. Esto llevará una o dos horas.

4 Vierta el agua de jengibre con pulpa de jengibre en el balde de fermentación de 2 galones. Tome una lectura del hidrómetro para determinar la gravedad original (consulte el Manual de Brewer). Triture la tableta Campden y revuélvala en el agua. Coloque la tapa y coloque la esclusa de aire. Espere 24 horas para que Campden esterilice la infusión.

5 Después de esterilizar el agua de jengibre, prepare el iniciador de levadura. Desinfecte una taza medidora, un frasco de conservas de 1 cuarto y una cuchara para revolver. Saque 1 taza de agua de jengibre y viértala en el frasco de conservas. Vierta la levadura por encima y cubra el frasco con un trozo de envoltura de plástico asegurado con una goma elástica. Agite bien el frasco y déjelo reposar de 1 a 3 horas. Debería volverse espumoso y verá pequeñas burbujas estallar en la superficie del líquido. Una vez que vea algún signo de actividad, se puede usar el iniciador.

6 Vierta el entrante en el agua de jengibre junto con el nutriente de levadura. Remover vigorosamente para distribuir la levadura y airear el agua. Vuelva a colocar la tapa y vuelva a colocar la esclusa de aire.

Debería ver la fermentación activa como lo demuestran las burbujas en la esclusa de aire dentro de las 48 horas.

7 Deje que la cerveza de jengibre fermente sin ser molestada durante al menos 3 días o hasta 7 días, hasta que la fermentación haya disminuido y el sedimento creado durante la preparación haya tenido la oportunidad de asentarse. En este punto, la cerveza está lista para ser transferida del sedimento a una jarra más pequeña de 1 galón para la fermentación secundaria más larga.

8 Desinfecte una jarra de 1 galón, su tapón, el bastón de trasiego, su punta, la manguera del sifón y la abrazadera de la manguera. Sifone toda la cerveza de jengibre en la jarra. Incline el balde hacia el final para extraer todo el líquido. Deténgase cuando vea que el líquido de la manguera del sifón se vuelve turbio con sedimentos. Inserte el tapón y la esclusa de aire. Deje reposar la jarra en un lugar fresco y oscuro durante otras 2 semanas.

9 Para embotellar la cerveza de jengibre, desinfecte una olla, un hidrómetro, diez botellas de cerveza de 12 onzas o seis botellas de cerveza de 22 onzas, sus tapas, la manguera del sifón, el bastón de trasiego, su punta, una taza medidora y el llenador de la botella. . Sifone ½ taza de cerveza de jengibre al hidrómetro y úselo para determinar la gravedad Hnal. Bebe la cerveza de jengibre o viértela nuevamente en la jarra una vez utilizada.

10 Vierta la solución de azúcar de maíz en la olla. Sifone la cerveza de jengibre en la olla para mezclar con la solución de azúcar de maíz, salpicando lo menos posible. Saque un poco de cerveza de jengibre con la taza medidora y pruébela. Agregue Splenda (u otro endulzante posterior) si desea una cerveza de jengibre más dulce. Sifone la cerveza de jengibre en botellas, tape y etiquete.

11 Deje que las botellas se asienten a temperatura ambiente fuera de la luz solar directa durante al menos 1 mes o guárdelas hasta por 1 año. Refrigere antes de servir.

HACE 1 GALÓN

- 1 piña muy madura
- 14 tazas de agua
- 1 taza empaquetada / 8 onzas de piloncillo rallado o azúcar morena oscura
- 1 rama de canela
- 2 dientes
- 1 tableta Campden
- $1\frac{1}{2}$ cucharadas ($\frac{1}{2}$ tubo) de levadura de cerveza belga líquida
- 1 cucharadita de nutrientes de levadura

- 1 cucharadita de mezcla de ácido
- $\frac{1}{2}$ cucharadita de enzima péctica
- 1 taza / 1 onza de Splenda u otro azúcar no fermentable (opcional)

- 3 cucharadas / 1 onza de azúcar de maíz disueltas en ½ taza de agua hirviendo y enfriadas, para embotellar

1 Desinfecte un balde de 2 galones, su tapa, la esclusa de aire y una cuchara para revolver.

2 Frote la piña hasta que quede limpia. Corta la parte superior verde y la parte inferior de la piña y deséchala. Corta la piña restante en trozos pequeños con la cáscara todavía.

3 Deje hervir el agua. Retire la olla del fuego, agregue el piloncillo y revuelva para disolver. Deja la olla a un lado hasta que el agua se haya enfriado por completo. Esto llevará una o dos horas.

4 Combine el agua con azúcar morena, la canela, el clavo y la piña en el balde de fermentación de 2 galones. Tome una lectura del hidrómetro para determinar la gravedad original (consulte el Manual de Brewer). Triture la tableta Campden y revuélvala en el agua. Coloque la tapa y coloque la esclusa de aire. Espere 24 horas para que Campden esterilice el agua de piña.

5 Después de esterilizar el agua de piña, prepare el iniciador de levadura. Desinfecte una taza medidora, un frasco de conservas de 1 cuarto y una cuchara para revolver. Saque 1 taza de agua de piña y viértala en el frasco. Vierta la levadura por encima y cubra el frasco con un trozo de envoltura de plástico asegurado con una goma elástica. Agite bien el frasco y déjelo reposar de 1 a 3 horas. Debería volverse espumoso y verá pequeñas burbujas estallar en la superficie del líquido.

Una vez que vea algún signo de actividad, se puede usar el iniciador.

6 Vierta el iniciador en el agua de piña junto con el nutriente de levadura, la mezcla ácida y la enzima péctica. Remover vigorosamente para distribuir la levadura y airear el agua. Vuelva a colocar la tapa y vuelva a colocar la esclusa de aire. Debería ver la fermentación activa como lo demuestran las burbujas en la esclusa de aire dentro de las 48 horas.

7 Deje que la sidra de piña fermente sin ser molestada durante al menos 3 días o hasta 7 días, hasta que la fermentación haya disminuido y el sedimento creado durante la preparación haya tenido la oportunidad de asentarse. En este punto, la sidra está lista para ser transferida del sedimento a una jarra más pequeña de 1 galón para la fermentación secundaria más larga.

8 Desinfecte una jarra de 1 galón, su tapón, el bastón de trasiego, su punta, la manguera del sifón y la abrazadera de la manguera. Sifone toda la sidra en la jarra. Incline el balde hacia el final para extraer todo el líquido. Deténgase cuando vea que el líquido de la manguera del sifón se vuelve turbio con sedimentos. Inserte el tapón y la esclusa de aire. Deje reposar la jarra en un lugar fresco y oscuro durante 2 semanas.

9 Para embotellar la sidra, desinfecte una olla, un hidrómetro, diez botellas de cerveza de 12 onzas o seis botellas de cerveza de 22 onzas, sus tapas, la manguera del sifón, el bastón de trasiego, su punta, una taza medidora y el llenador de la botella. Sifone $\frac{1}{2}$ taza de sidra al hidrómetro y úselo para determinar la gravedad final. Bebe la sidra o viértela nuevamente en la jarra una vez usada.

10 Vierta la solución de azúcar de maíz en la olla. Sifone la sidra en la olla para mezclarla con la solución de azúcar de maíz, salpicando lo menos posible. Saca un poco de sidra con la taza medidora y pruébalo. Agregue Splenda (u otro endulzante

posterior) si desea una sidra más dulce. Sifone la sidra en botellas, tape y etiquete.

11 Deje que las botellas se asienten a temperatura ambiente fuera de la luz solar directa durante al menos 1 mes o almacene hasta por 1 año. Refrigere antes de servir.

CONCLUSIÓN

Ahora conoces el proceso básico para elaborar tu propia cerveza en casa. A medida que gane experiencia y confianza, puede trabajar en más arrugas, como usar yeso para endurecer el agua de preparación (si es necesario) o agregar musgo irlandés a la ebullición para ayudar con la claridad de la cerveza.

Eso es todo lo que hay que hacer para hacer tu propia cerveza. Después de dejar que la cerveza se acondicione, es hora de compartirla con amigos y familiares y presumir de cómo la preparaste tú mismo. ¡Bienvenido a la elaboración de cerveza casera!

¡Feliz preparación!

Lightning Source UK Ltd.
Milton Keynes UK
UKHW020407030621
384809UK00008B/152